Jochen Schmidt

Jahreszeitliches Basteln und Gestalten – Winter

34 Projekte für den inklusiven Unterricht – Anleitungen, Vorlagen und Hinweise zur Umsetzung

Der Autor Jochen Schmidt hat bereits zahlreiche Unterrichtsmaterialien für die Grundschule veröffentlicht.

Gedruckt auf umweltbewusst gefertigtem, chlorfrei gebleichtem und alterungsbeständigem Papier.

1. Auflage 2015
© Persen Verlag, Hamburg
AAP Lehrerfachverlage GmbH
Alle Rechte vorbehalten.

Das Werk als Ganzes sowie in seinen Teilen unterliegt dem deutschen Urheberrecht. Der Erwerber des Werkes ist berechtigt, das Werk als Ganzes oder in seinen Teilen für den eigenen Gebrauch und den Einsatz im Unterricht zu nutzen. Die Nutzung ist nur für den genannten Zweck gestattet, nicht jedoch für einen weiteren kommerziellen Gebrauch, für die Weiterleitung an Dritte oder für die Veröffentlichung im Internet oder in Intranets. Eine über den genannten Zweck hinausgehende Nutzung bedarf in jedem Fall der vorherigen schriftlichen Zustimmung des Verlages.

Sind Internetadressen in diesem Werk angegeben, wurden diese vom Verlag sorgfältig geprüft. Da wir auf die externen Seiten weder inhaltliche noch gestalterische Einflussmöglichkeiten haben, können wir nicht garantieren, dass die Inhalte zu einem späteren Zeitpunkt noch dieselben sind wie zum Zeitpunkt der Drucklegung. Der Persen Verlag übernimmt deshalb keine Gewähr für die Aktualität und den Inhalt dieser Internetseiten oder solcher, die mit ihnen verlinkt sind, und schließt jegliche Haftung aus.

Grafik: Marion El-Khalafawi
Satz: Satzpunkt Ursula Ewert GmbH, Bayreuth

ISBN: 978-3-403-23492-0

www.persen.de

Inhaltsverzeichnis

Einleitung/Hinweise zum Umgang mit dem Material 4

Kreatives Gestalten – Malen, Basteln, Zeichnen, Schneiden, Nähen, Kleben

Schneeeule 8
Christstern 10
Vogelhaus 12
„Winter: Zieh Dich warm an!" 14
Spuren im Schnee 16
Winterwörter 18
Einfache Weihnachten 20
Schneebedeckte Winterlandschaft 24
Wohlig warme Wollmützen 28
Nikolausaquarell 32
Eingeschneit 36

Kreatives Gestalten – Objektdesign

Bei Kerzenschein 39
Am Nikolausabend 42
Festlicher Krippenschmuck 44
Kerzenständer 46
Weihnachtlicher Klassenkalender 48
Iglu-Bau 50
Rentier 52
Wichtelbeutel 54
Mein eigener Stempel 56
Das Haus vom Nikolaus 59
Eismalerei 62
Winterliches Namensschild 66

Grußkarten

Silvesternacht 70
Winterliche Urlaubsgrüße 72
Nikolausgruß 74
Weihnachtsbaumschmuck 76
Knusprige Adventsgrüße 79

Fantasievolle Weitermalbilder

Im dichten Schneetreiben 83
Spannendes im Nikolaussack 84
Rund um den Weihnachtsbaum 85
Gemälde von Herrn Frost 86
Im Bau der Schneehasen 87
Weit draußen auf der Eisscholle 88

Projekt-Ergebnisse

Fotos 89

Inhaltsübersicht CD

Bildkarten der Arbeitsmaterialien in DIN A6

Bastelanleitungen folgender Projekte als bearbeitbare Word-Dateien:
- Einfache Weihnachten
- Schneebedeckte Winterlandschaft
- Wohlig warme Wintermützen
- Nikolausaquarell
- Eingeschneit
- Mein eigener Stempel
- Das Haus vom Nikolaus
- Eismalerei
- Winterliches Namensschild
- Knusprige Adventsgrüße

Einleitung / Hinweise zum Umgang mit dem Material

Liebe Kolleginnen und Kollegen,

als Lehrkraft im Bereich Kunst und textiles Gestalten sind wir immer auf der Suche nach neuen kreativen Ideen und gestalterischen Konzepten für den eigenen Unterricht. Wir möchten in erster Linie unsere Schüler[1] zu ästhetischer Wahrnehmung und Bildung, zum explorativen Erkunden von Werkstoffen und dem Zusammenspiel von Werkzeug und Objekt, und nicht zuletzt zu kreativem Handeln und Produzieren anregen und ihre Kompetenzen und Fähigkeiten in diesen Bereichen fördern. Wir möchten aber auch für uns selbst Neues entdecken, aus der unterrichtlichen Routine ausbrechen und uns kreativ weiterentwickeln. Dies motiviert uns und unsere Schüler gleichermaßen.

Das vorliegende Buch lädt mit seinen unterschiedlichen Projekten, z.B. dem „Nikolausaquarell", dem „eigenen Stempel" oder dem „Christstern", zum Arbeiten mit herkömmlichen Materialien, wie Tonkarton, Papier, Filz oder Stoff, aber auch zum Kennenlernen weniger bekannter Werkstoffe, wie z.B. Balsaholz, Hartschaumplatten oder einigen Naturstoffen ein und fördert dadurch auch den verantwortlichen Umgang mit unterschiedlichen Arbeitsmitteln und Werkzeugen. Aber auch Aufgabenbereiche, wie das Erstellen jahreszeitlicher Dekorationen, Grußkarten oder Geschenken, die durch neue Impulse abwechslungsreich inszeniert werden, finden Sie vor.

Thematisch orientieren sich die Projektideen an der Jahreszeit „Winter" sowie möglichen besonderen Tagen in diesem Schulhalbjahr, die sich als Anlass für kreative Bastelarbeiten anbieten. Neben Projekten, bei denen das geschaffene Objekt im Vordergrund steht, finden sich auch Arbeitsvorschläge, die über den künstlerisch gestalterischen Prozess hinausgehen und sich für weiterführende Aktivitäten eignen. Hier wird zusätzlich der Spaß an der spielerischen künstlerischen Tätigkeit gefördert („Iglu-Bau") und die Fantasie angeregt („Winter: Zieh dich warm an!").

Orientiert an der Entwicklung der unterschiedlichen Kompetenzen und Fähigkeiten, sollen die Schüler durch die Projekte zum Erforschen von Material- und Werkzeugeigenschaften und deren Zusammenspiel, zum fantasievollen Formen und Bauen, zum Konstruieren und Inszenieren, zum Sammeln und Erforschen eigener Sinneswahrnehmung sowie einer eigenen Vorstellung von Ästhetik und künstlerisch kreativer Tätigkeit angeregt werden. **Erleben sollen die Schüler die unterschiedlichen Projekte mit allen Sinnen – visuell, haptisch, auditiv und auch olfaktorisch.** Geschult werden auf diese Weise jedoch nicht nur die Sinne und Wahrnehmungsfähigkeiten der Kinder. **Gleichermaßen werden dadurch auch unterschiedliche Arbeitstechniken erlernt und trainiert.** Ziel ist dabei auch die Befähigung der Schüler, Lernwege und Vorgehensweisen kritisch zu reflektieren, um sie für die praktische Umsetzung eigener kreativer Ideen und Gedanken nutzbar zum machen.

---

[1] Wir sprechen hier wegen der besseren Lesbarkeit von Schülern in der verallgemeinernden Form. Selbstverständlich sind auch alle Schülerinnen ausdrücklich gemeint.

Einleitung / Hinweise zum Umgang mit dem Material

Um die Umsetzung der Projektideen möglichst einfach zu gestalten, gibt es zu **jedem Arbeitsbereich konkrete Angaben zum Materialbedarf**, eine **Bastelanleitung** mittels derer die Schüler das jeweilige Projekt eigenständig erarbeiten können, **unterstützende Kopiervorlagen** für den unkomplizierten Einsatz im Unterricht sowie Angaben über die Lernziele, einen ungefähren Zeitplan für die Vorbereitung und Durchführung des jeweiligen Projekts sowie weiterführende Hinweise in den **Info-Boxen für die Lehrkraft**.

Viele der Vorschläge lassen sich in ein oder zwei Unterrichtsstunden mit geringer Vorbereitungszeit umsetzen. Einige Projekte benötigen etwas mehr Zeit und müssen entsprechend langfristiger geplant und vorbereitet werden.

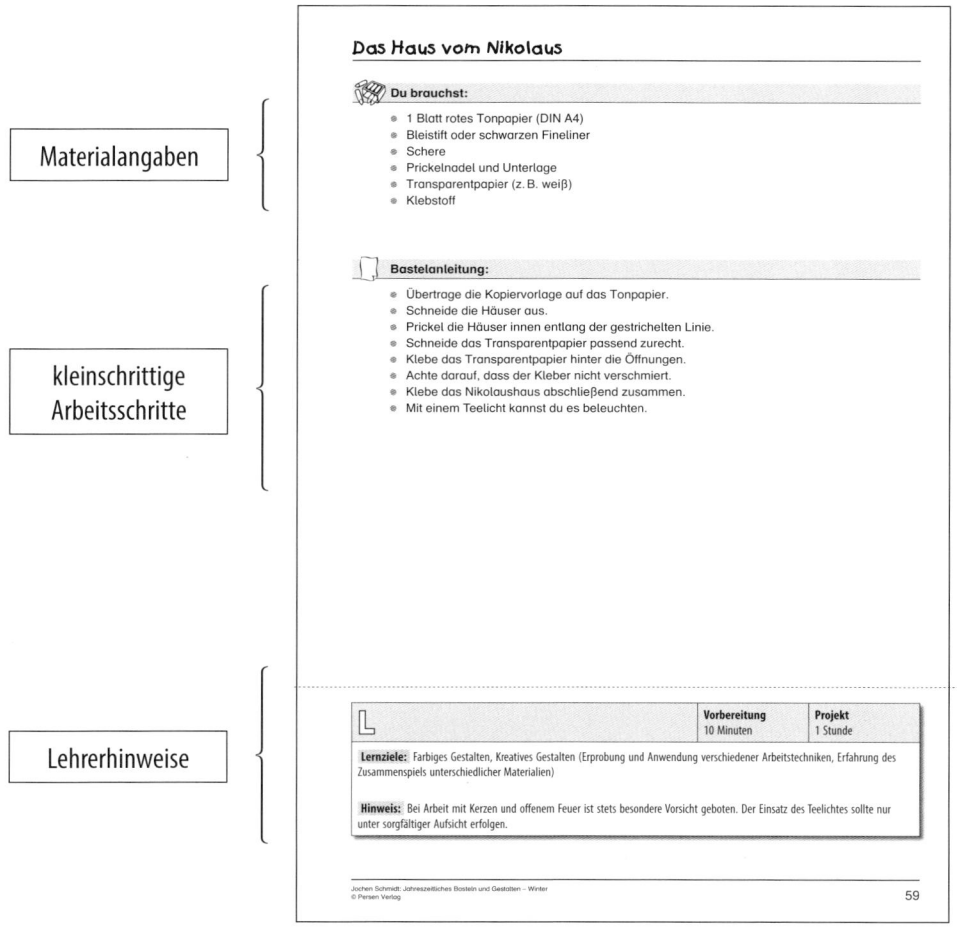

Auch wenn der Kunstunterricht bereits in hohem Maße auf das individuelle Leistungsvermögen der Kinder eingeht und deren jeweilige Fertigkeiten und Fähigkeiten berücksichtigt, **bietet der vorliegende Band zusätzliches Material zur Binnendifferenzierung nach unterschiedlichen Leistungs- und Entwicklungsständen und damit Möglichkeiten zur Inklusion von Schülern mit besonderem Förderbedarf**. Häufig stellt nicht die Bewältigung eines bestimmten Arbeitsauftrages, mag dieser auch noch so detailliert und genau ausfallen, die Lern- und Arbeitshürde dieser Schüler dar. Für Schüler, denen das Lesen schwerfällt, stellt die Textmenge einer Arbeitsanweisung an sich schon eine Herausforderung dar. Das Problem der Schüler liegt in diesen Fällen nicht in der mangelnden praktischen künstlerischen und gestalterischen Fähigkeit. Vielmehr liegt es in der

Einleitung / Hinweise zum Umgang mit dem Material

erschwerten Transferleistung von der Theorie in die Praxis. Um an dieser Schnittstelle anzusetzen und den Transfer für die Schüler mit besonderem Förderbedarf zu erleichtern, enthält dieser Band zu **zehn Projektvorschlägen** Aufgabenblätter, die den Bedürfnissen dieser Zielgruppe in besonderer Weise gerecht werden. Bei diesen Projekten wird zusätzlich eine **vereinfachte Kopiervorlage** angeboten – als Alternative gekennzeichnet. Die **Bastelanleitungen sind in der Textmenge reduziert und durch Piktos illustriert**. Die **Arbeitsschritte sind klar strukturiert, übersichtlich angeordnet** und durchnummeriert. Zudem sind **Kästchen** vorgesehen, sodass die Schüler ihre **bereits erledigten Arbeitsschritte abhaken können**. Dadurch werden die Schüler nicht nur in ihrer Arbeitsorganisation geschult; zugleich wird ein weiterer wichtiger Förderschwerpunkt aus dem Bereich Lern- und Arbeitsverhalten trainiert: das Arbeiten nach Plan im Kunstunterricht.

Beispielfotos der jeweiligen Endprodukte (Seite 89ff) illustrieren die Ergebnisse.

Auf der **CD** finden sich schließlich die **Bastelanleitungen** dieser zehn Projekte als **bearbeitbare Word-Dateien** wieder, sodass Sie diese noch weiter auf die individuellen Bedürfnisse Ihrer Schüler zuschneiden können, z.B. indem Sie Arbeitsschritte reduzieren und/oder anders anordnen. **Bildkarten der Arbeitsmaterialien**, ebenfalls auf der CD zu finden, können ebenfalls als Unterstützung zur Organisation im Unterricht dienen.

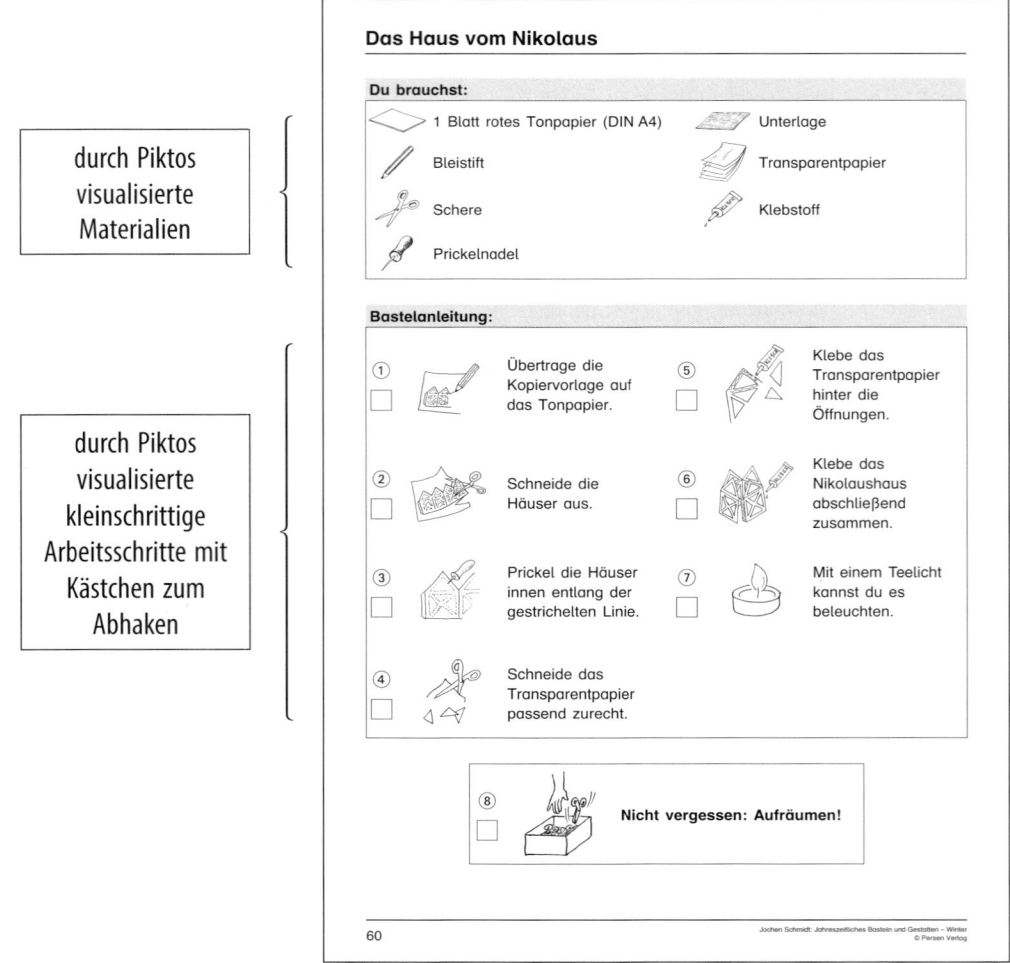

Einleitung / Hinweise zum Umgang mit dem Material

Darüber hinaus bestehen eine Reihe weiterer, zum Teil sicherlich bereits bekannter **Möglichkeiten, bei Arbeitsprozessen und Projekten zusätzlich zu differenzieren**. Dies beginnt bereits bei einfachen Arbeitsschritten, wie dem Übertragen einer Kopiervorlage. Während leistungsstärkere Schüler die Kopiervorlage selbst frei Hand auf die Arbeitsgrundlage übertragen oder von der Vorlage abweichen dürfen, kann die **Kopiervorlage für Schüler mit Förderbedarf vollständig oder in Teilen kopiert werden**. Hier kann zusätzlich ausdifferenziert werden, indem bei bestimmten Bastelarbeiten **größere Vorlagen für die Schüler** angefertigt werden, z. B. Kopiervorlage von DIN-A4- auf DIN-A3-Format. Außerdem bietet sich bei manchen Arbeiten eine **Verwendung von schwererem und damit formstabilerem Papier** an. Auch bei Techniken des Nachkolorierens oder Aquarellierens erweist sich dies als sehr hilfreich.

Durch **Abänderung der verwendeten Arbeitstechniken bzw. Arbeitswerkzeuge** sind ebenfalls Möglichkeiten der Vereinfachung gegeben: Beispielsweise kann anstelle des Cutters eine Prickelnadel verwendet werden. Ebenso können Buntstifte den Wasserfarbkasten ersetzen. Mit einem Schwamm lässt sich großflächig einfacher malen als mit einem Pinsel.

Außerdem kann es sinnvoll sein, die **Wahl der Arbeitsmaterialien leicht abzuändern**, um die Projektarbeit zu vereinfachen; so wird beispielsweise die warme Wintermütze aus Filz gefertigt und nicht aus Stoff. Filz ist leichter zu schneiden, da er nicht ausfranst. Er lässt sich auch besser kleben.

Ein großer Vorteil dieser Herangehensweise liegt darin, dass die Schüler mit Förderbedarf weitestgehend eigenständig und damit selbstbewusst arbeiten können und folglich produktiv am Kunstunterricht teilhaben.

Zusätzlich können **leistungsstärkere Schüler ihren Mitschülern mit Förderbedarf unterstützend bei bestimmten Arbeitsschritten behilflich** sein. Durch dieses kooperative Lernen miteinander, das Schüler auch in ihrer „**Vermittlerrolle**" ernst nimmt und sie in Unterrichtsprozesse einbindet, werden zusätzlich soziale Kompetenzen geschult. Auch fällt es manchmal leichter, Hilfe von einem Mitschüler in Anspruch zu nehmen, als von der Lehrperson.

Aber auch die Eltern Ihrer Schüler sind herzlich dazu eingeladen, sich für den Kunstunterricht ihrer Kinder zu engagieren. Beispielsweise können kleinere Vorbereitungsaufgaben von den Eltern übernommen werden. Außerdem können Sie die Eltern an einem Elternabend darauf hinweisen, welche haushaltsnahen Materialien (z. B. Eierkartons, Korken oder Papier und Stoffreste) für bestimmte Projekte benötigt werden. Dann kann das Material gezielt gesammelt werden. Gleiches gilt für Naturmaterialien, wie z. B. Stöcke, Äste oder Blätter. Diese können von den Eltern auf einem Waldspaziergang mit ihren Kindern eingesammelt werden. Auch ein gemeinsamer Waldausflug mit der gesamten Klasse ist denkbar.

Ich wünsche Ihnen viel Spaß beim Ausprobieren der Ideen in Ihrem eigenen Kunstunterricht!

Schneeeule

 Du brauchst:

- Pappe (DIN A4)
- Schere
- Klebstoff
- Watte
- Filzstifte

 Bastelanleitung:

- Übertrage die Kopiervorlage auf die Pappe.
- Schneide den Körper der Eule aus.
- Zupfe die Watte in kleine Teile zurecht.
- Klebe die Watte als Gefieder auf die Schneeeule.
- Spare dabei die Augen und den Schnabel aus.
- Male die Augen der Eule gelb an.
- Male den Schnabel dunkelbraun oder grau an.
- Male die Krallen der Eule schwarz an.
- Klebe die Eule gemeinsam mit den Schneeeulen deiner Mitschüler mit einem Klebestreifen an die untere Fensterkante.

	Vorbereitung	Projekt
	10 Minuten	1–2 Stunden

Lernziele: Grafisches Gestalten, Kreatives Gestalten (Erfahren von Oberflächenbeschaffenheit (Watte), Kennenlernen neuer Arbeitsmaterialien, Erlernen und Erproben einfacher Bastelverfahren, Erproben von Materialien und Materialverbindungen, Herstellen von einfachsten figürlichen Objekten)

Hinweis: Die fertigen Projekte können z. B. auch dekorativ am Klassenfenster oder im Schulflur aufgehängt werden. Dazu kommt, dass die Schüler häufig nicht wenig stolz auf ihre Bastelarbeiten sind und sich darüber freuen, wenn diese in irgendeiner Form ausgestellt und so „anerkannt" werden. Auch Eltern, die einmal die Klasse oder die Schule besuchen, bekommen so mit, welchen Arbeiten die Kinder im Kunstunterricht nachgehen. Zu guter Letzt: Die aufgehängten Bilder tragen auch zur persönlicheren Ausgestaltung des Klassenraums bei und schaffen eine Atmosphäre mit Wiedererkennungswert.

Kopiervorlage: Schneeeule

Jochen Schmidt: Jahreszeitliches Basteln und Gestalten – Winter
© Persen Verlag

Christstern

Du brauchst:

- Balsaholz (2× DIN A4, 1 mm stark)
- Cuttermesser und Unterlage
- Transparentpapier (DIN A4, weiß, gelb)
- Fineliner
- Schere
- Angelschnur, Faden
- Nadel
- Leim

Bastelanleitung:

- Übertrage die Kopiervorlage auf das Balsaholz.
- Cutter den großen und kleinen Stern jeweils zweimal aus.
- Cutter die Innenseite der Stern entlang der gestrichelten Linie aus.
- Schneide das Transparentpapier entsprechend der Vorlage für den kleinen Stern zu.
- Klebe das Transparentpapier hinter einen kleinen Stern.
- Lege je einen großen und darin einen kleinen Stern auf die Arbeitsfläche.
- Trage vorsichtig Leim auf.
- Schneide zwei Stücke Angelschnur zurecht.
- Lege eine Angelschnur so hin, dass der kleine Stern im großen Stern hängt.
- Lege die andere Angelschnur so hin, dass du daran später den großen Stern aufhängen kannst.
- Klebe nun die anderen Sternhälften auf.
- Lass den Leim trocknen.

Alternative:
- Ihr könnt, wenn genügend Zeit für das Projekt besteht, auch die Balsaholzstern mit Abtönfarbe ausgestalten. So können unterschiedliche Farben zum Einsatz kommen und den gemeinsamen Nachthimmel darstellen.
- Möglich ist auch das Bekleben der Holzsterne mit Filz oder eine Weiterverarbeitung mittels Servietten-Klebetechnik. Auch so kommen ganz unterschiedliche Endprodukte zu Stande.

	Vorbereitung	**Projekt**
	10 Minuten	1–2 Stunden

Lernziele: Kreatives Gestalten (Erproben experimenteller Arbeitsverfahren, Erkunden des Zusammenspiels unterschiedlicher Arbeitsmaterialien und Werkzeuge), Herstellen von Gegenständen und Objekten auf Basis unterschiedlicher Materialien

Hinweis: Wenn am Ende des Projektes die Sterne ans Fenster gehängt werden, kann man gemeinsam einen Abendhimmel nachstellen. Morgens früh, wenn die Sonne aufgeht und man im Klassenraum sitz, strahlt so helles Licht durch die Sterne. So entstehen schöne Licht/Schatten-Effekte.
Auch frei von der Decke hängend werden die Christsterne lebendig. Denn so können sich die Sterne umeinander drehen.

Kopiervorlage: Christstern

Jochen Schmidt: Jahreszeitliches Basteln und Gestalten – Winter
© Persen Verlag

Vogelhaus

Du brauchst:

- Blatt Papier (DIN A3)
- schwarzen Filzstift
- farbige Bunt- oder Filzstifte
- Schere
- Klebestoff
- Materialkartei (Vögel)

Vorbereitung:

Lege eine Materialkartei unterschiedlicher Vogelarten an. Sammle Bilder aus dem Internet und drucke diese aus. Schneide zusätzlich Bilder von Vögeln aus Zeitschriften oder Magazinen aus. Sicherlich helfen dir deine Eltern beim Anlegen deiner Materialkartei.

Bastelanleitung:

- Übertrage die Kopiervorlage auf das Blatt Papier.
- Gestalte das Vogelhaus farbig aus (in Braun- und Grautönen).
- Klebe anschließend die Vögel an unterschiedlichen Stellen ins Bild.
- Achte darauf, dass die Körperhaltungen der Vögel zu der entsprechenden Aktivität passen.
- Ein fliegender Vogel passt eher schlecht in die Wassertränke. Sicherlich findest du passende Vögel, die sich an der Tränke erfrischen können, am Meisenknödel knabbern, auf dem Dach des Vogelhauses sitzen oder vorbeifliegen.
- Zeichne oder male auch eigene Vögel wenn du magst.
- Viel Spaß beim Ausgestalten deines Bildes!

	Vorbereitung 10 Minuten	**Projekt** 1–2 Stunden

Lernziele: Farbiges Gestalten, Kreatives Gestalten (Erprobung und Anwendung verschiedener Arbeitstechniken, Kombination und Zusammenspiel unterschiedlicher Werkstoffe und Materialien, selbständige Anwendung von Farben und Farbkombinationen im eigenen kreativen Gestaltungsprozess)

Hinweise: Für die Arbeit mit Collagen ist es stets wichtig, dass den Schülern für Ihre Bastelarbeiten ein großer Fundus an Auswahlmaterialien zur Verfügung steht. Ohne die nötige Materialvielfalt ist ein kreatives und fantasievolles Arbeiten häufig stark erschwert.

Planen Sie daher für die Erstellung des Materialfundus entsprechend voraus. 2–3 Wochen vor Beginn des Bastelprojektes sollten die Schüler bereits auf Materialsuche gehen. Eine Woche vor Projektbeginn sollte das Material bereits mit in die Schule gebracht und gemeinsam gesichtet werden. Dann kann ggf. noch „nachgesteuert" werden.

Zusätzlich ist es ratsam, auch als Lehrkraft einen „Ersatzfundus" anzulegen, aus dem sich die Kinder, die dann doch noch zusätzliches Material benötigen, bei Bedarf bedienen können.

Kopiervorlage: Vogelhaus

„Winter: Zieh Dich warm an!"

Du brauchst:

- 2 Blatt Papier (DIN A4)
- schwarzen Filzstift
- farbige Bunt- oder Filzstifte
- Schere
- Klebstoff

Bastelanleitung:

- Übertrage die Kopiervorlage auf das Blatt Papier.
- Gestalte die einzelnen Buchstaben mit warmer Kleidung für den Winter aus.
- Überlege dazu, wie die einzelnen Buchstaben aussehen, wo Nase, Augen, Mund bzw. Kopf und Beine sein mögen.
- Du kannst deinen Gedanken freien Lauf lassen.
- Gestalte die Buchstaben anschließend farbig vollständig aus.
- Schneide die Buchstaben aus.
- Klebe das Wort „WINTER" abschließend auf ein Blatt Papier.
- Vergleiche dein Kunstwerk mit denen deiner Mitschüler. Es gibt bestimmt viele Unterschiede aber auch Gemeinsamkeiten zu entdecken.

Alternative:
Du kannst die Buchstaben abschließend auch ausschneiden und deine Buchstaben mit den Buchstaben von Mitschülern kombinieren.

L	**Vorbereitung** 10 Minuten	**Projekt** 1–2 Stunden

Lernziele: Farbiges Gestalten, Kreatives Gestalten (Erprobung und Anwendung verschiedener Arbeitstechniken und Arbeitsmaterialien, Anwendung unterschiedlicher Farben und Farbkombinationen im eigenen Schaffens- und Gestaltungsprozess)

Hinweise: Es kann hilfreich sein, die Schüler vor der kreativen Arbeit z. B. mit einem Lese- oder Hörtext in das Thema „Winter" einzustimmen. Gerade, weil die Kinder aus eigener Initiative überlegen sollen, welche Art von Winterkleidung zu den Buchstaben passt bzw. wie die Buchstaben überhaupt im Winter „aussehen", kann dies evtl. zu Schwierigkeiten bei den Schülern führen, die vielleicht nicht direkt und spontan genügend Einfälle zum Thema haben. Sie können andenken, ob Sie diese Aufgabe durch einen Impuls oder aber durch eine gemeinsame Erarbeitung, z. B. einer Mindmap, vorentlasten.

Möglich ist auch eine Anbindung an den Englischunterricht, in dem Winterkleidung in den entsprechenden Jahrgängen ebenfalls thematisiert wird und somit einen Zugang zu dem Bastelprojekt erleichtern kann.

Kopiervorlage: „Winter: Zieh Dich warm an!"

Spuren im Schnee

Du brauchst:

- Papier (DIN A3)
- Filzreste (Farbe egal)
- Schere
- Klebstoff
- Styroporwürfel, Holzwürfel oder leere Streichholzschachteln
- Stempelkissen

Bastelanleitung:

- Schau dir das Bild der Fußspuren unterschiedlicher Tiere im Winter genau an.
- Suche dir 3–4 Tiere aus, deren Spuren du im Schnee nachstellen möchtest.
- Übertrage die Fußspuren jeweils 2× auf ein Stück Filz.
- Schneide die Fußspuren aus.
- Klebe die Fußspuren entsprechend auf den Holz- oder Styroporwürfel oder die Streichholzschachtel.
- So entsteht eine Art Stempel.
- Drucke nun die Fußspuren auf dein Blatt Papier.
- Überlege dabei, ob sich die Spuren kreuzen. Vielleicht haben die Tiere ja einander getroffen, sind hintereinander hergelaufen, haben sich gejagt oder miteinander gespielt. All dies könnte man in den Spuren „lesen".
- Gibt es vielleicht sogar eine kleine Geschichte zu deinen Spuren im Schnee?

L		Vorbereitung 10 Minuten	Projekt 2–3 Stunden

Lernziele: Kreatives Gestalten (Erprobung und Anwendung verschiedener Arbeitstechniken, Kombination und Zusammenspiel unterschiedlicher Werkstoffe und Materialien, Erproben experimenteller Arbeitsverfahren, Verwandeln von Erfahrungen/Wissen aus dem täglichen Leben, Umsetzung in kreative Fantasiegebilde, spielerisches, kreatives Arbeiten)

Hinweise: Die kreativen Ergebnisse können abschließend im Unterricht auch als Gesprächsanlass genutzt werden, indem die Schüler die jeweiligen Geschichten erzählen, die sich in ihren Spuren im Schnee lesen lassen. Unterschiedliche Aufeinandertreffen verschiedener Tiere sind denkbar. Wenn jeder Schüler sein Bild vorstellen soll, wäre es denkbar, die Geschichten in Kleingruppen vorzustellen. So kommt jeder Schüler einmal dazu, seine Gedanken zu seinem Bild zu äußern; gleichzeitig wird der Unterricht nicht durch eine Verkettung mehrerer dicht aufeinanderfolgender Erzählungen überfrachtet.

Kopiervorlage: Spuren im Schnee

Spuren im Schnee

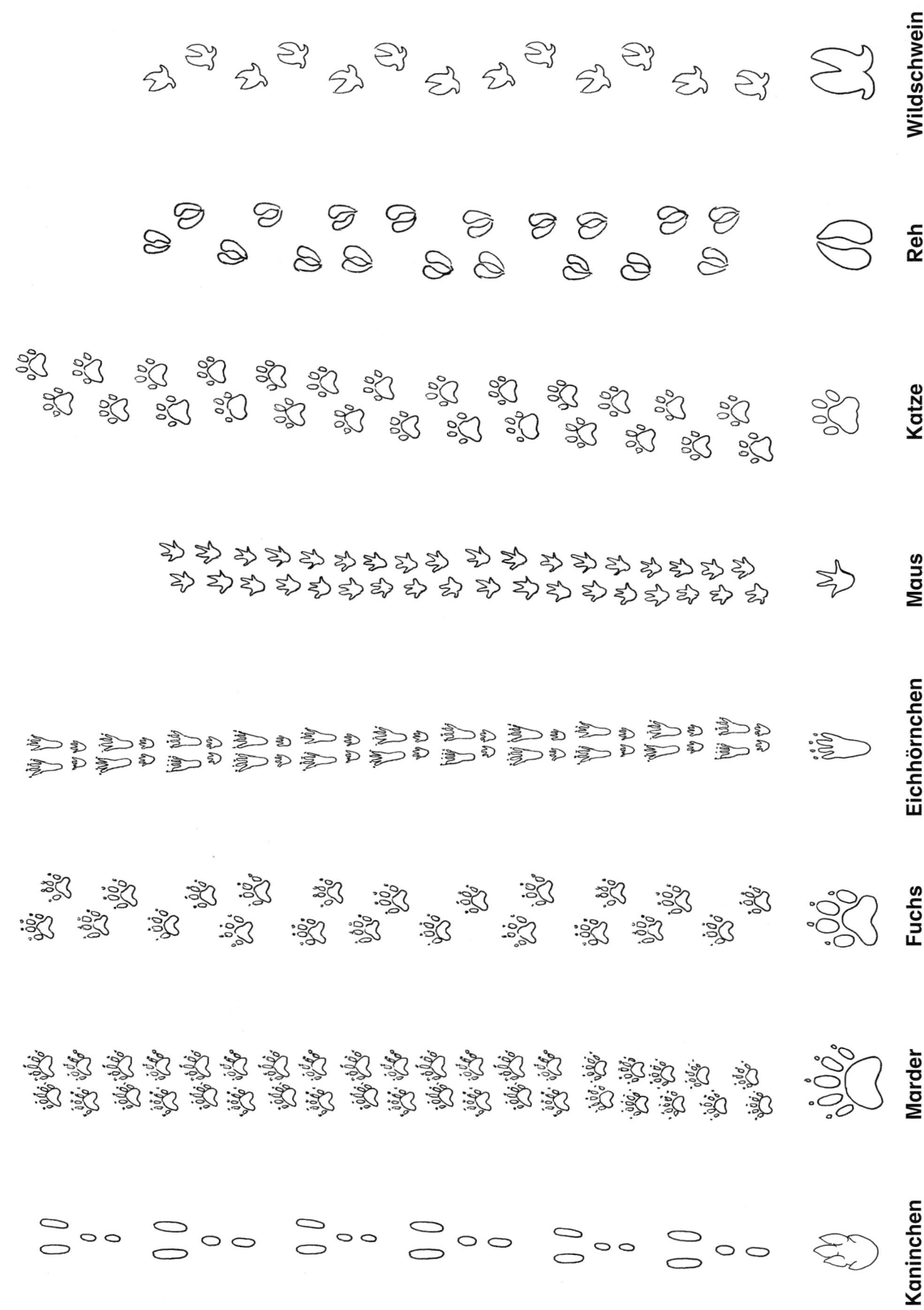

Winterwörter

 Du brauchst:

- Papier (DIN A4)
- Schere
- Zeitungen
- Klebstoff
- schwarzen Filzstift

 Vorbereitung:

Lege eine Materialkartei unterschiedlicher Winterwörter bzw. einzelner Buchstaben an. Schneide diese z. B. aus Zeitschriften oder Magazinen aus. Sicherlich helfen dir deine Eltern beim Anlegen deiner Materialkartei.

 Bastelanleitung:

- Sammle in einer Mindmap Wörter, die mit Winter zu tun haben.
- Überlege, wie du diese Wörter darstellen könntest, damit sie mehr nach dem aussehen, was sie beschreiben.
  Die Kopiervorlage kann dich dabei unterstützen.
- Welche weiteren Winterwörter fallen dir ein?
- Schneide bestehende Winterwörter aus deiner Materialkartei aus und stelle sie neu auf.
- Bastle neue Wörter aus einzelnen Buchstaben.
- Klebe deine kreativen Wörter abschließend auf das Blatt Papier.
- Fehlende Buchstaben kannst du mit dem Filzstift ergänzen.

L		**Vorbereitung** 10 Minuten	**Projekt** 1–2 Stunden

Lernziele: Farbiges Gestalten, kreatives Gestalten (Erprobung und Anwendung verschiedener Arbeitstechniken und Arbeitsmaterialien, Anwendung unterschiedlicher Farben und Farbkombinationen im eigenen Schaffens- und Gestaltungsprozess)

Hinweise: Es kann hilfreich sein, die Schüler vor der kreativen Arbeit z. B. mit einem Lese- oder Hörtext auf das Thema „Winter" einzustimmen. Gerade, weil die Kinder aus eigener Initiative überlegen sollen, was sie mit dem „Winter" verbinden, kann dies evtl. zu Schwierigkeiten bei den Schülern führen, die vielleicht nicht direkt und spontan genügend Einfälle zum Thema haben. Sie können überlegen, ob Sie diese Aufgabe durch einen Impuls oder aber durch eine gemeinsame Erarbeitung, z. B. einer Mindmap, vorentlasten.

Materialkartei: Für die Arbeit mit Collagen ist es stets wichtig, dass den Schülern für Ihre Bastelarbeiten ein großer Fundus an Auswahlmaterialien zur Verfügung steht. Ohne die nötige Materialvielfalt ist ein kreatives und fantasievolles Arbeiten häufig stark erschwert.

Planen Sie daher für die Erstellung des Materialfundus entsprechend voraus. 2-3 Wochen vor Beginn des Bastelprojektes sollten die Schüler bereits auf Materialsuche gehen. Eine Woche vor Projektbeginn sollte das Material bereits mit in die Schule gebracht und gemeinsam gesichtet werden. Dann kann ggf. noch „nachgesteuert" werden. Zusätzlich ist es ratsam, auch als Lehrkraft einen „Ersatzfundus" anzulegen, aus dem sich Schüler, die dann doch noch zusätzliches Material benötigen, bei Bedarf bedienen können.

Beispiele: Winterwörter

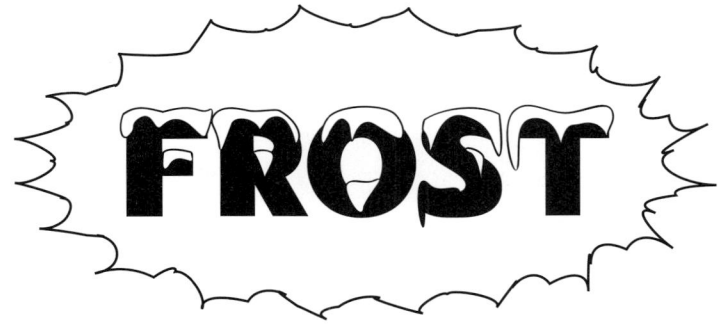

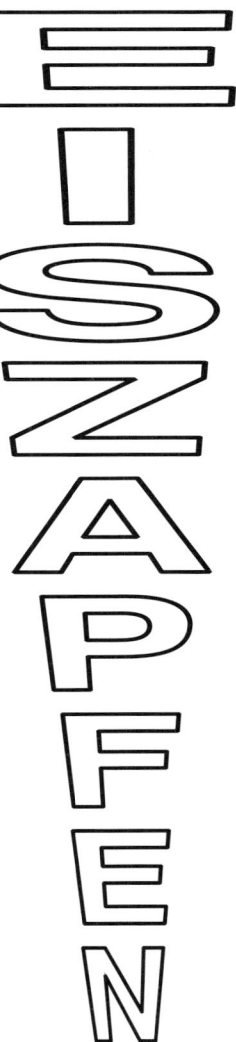

Einfache Weihnachten

 Du brauchst:

- 1 Blatt Papier (DIN A4 oder DIN A3)
- Tonpapier in unterschiedlichen Farben
- Bleistift
- Lineal
- Schere
- Klebstoff

 Hinweise:

Aufgabe ist es, eine Weihnachtsszene, z. B. das gemeinsame Geschenkeauspacken unter dem Weihnachtsbaum, mit ganz einfachen Formen und Farben zu basteln. Es darf in dieser Aufgabe nicht gezeichnet oder gemalt werden. Lediglich einige Formen (siehe Vorlagen) sind erlaubt. Überlege dir deshalb vorher gut, was du gerne kreativ darstellen möchtest und welche unterschiedlichen Formen du dazu benötigst.
Wichtig ist dabei auch: Jeder Gegenstand auf dem Bild darf nur eine Farbe haben. Erst dann wird dein Kunstwerk besonders eindrucksvoll.

Diese Art der künstlerischen Arbeit nennt man „abstrakt".

 Bastelanleitung:

- Betrachte das Beispielbild.
- Überlege dir selbst eine mögliche Weihnachtsszene.
- Überlege dir, welche Figuren und Bauteile du für dein Bild benötigst.
- Mache vielleicht eine kleine Skizze.
- Schneide dir aus unterschiedlichem Tonpapier die notwendigen Bauteile aus.
- Verwende dabei verschiedene Farben.
- Lege deine Szene zunächst auf das Blatt Papier.
- Klebe erst ganz am Ende die einzelnen Teile auf.

	Vorbereitung	**Projekt**
	10 Minuten	1–2 Stunden

Lernziele: Grafisches Gestalten, Kreatives Gestalten (Kennenlernen neuer Arbeitstechniken, Möglichkeit erster angeleiteter Abstraktion, Erlernen und Erproben einfacher Bastelverfahren)

Hinweise: Lassen Sie den Schülern bei dieser Arbeit möglichst viel Spielraum. Die individuellen Zugänge zu geometrischer Abstraktion und erste Erfahrungen z. T. nicht figürlichen und abstrakten Arbeitens können sehr kreative und fantastische Ergebnisse hervorrufen.

Interessant ist für die Schüler später insbesondere das Gespräch über das eigene Bild bzw. die Bilder von Mitschülern. Denn nicht immer ist klar, je nach Grad der Abstraktion, was sich hinter den einzelnen Kunstwerken verbirgt; z. T. sind dann ganz unterschiedliche Wahrnehmungen besprechbar.

Einfache Weihnachten

Du brauchst:

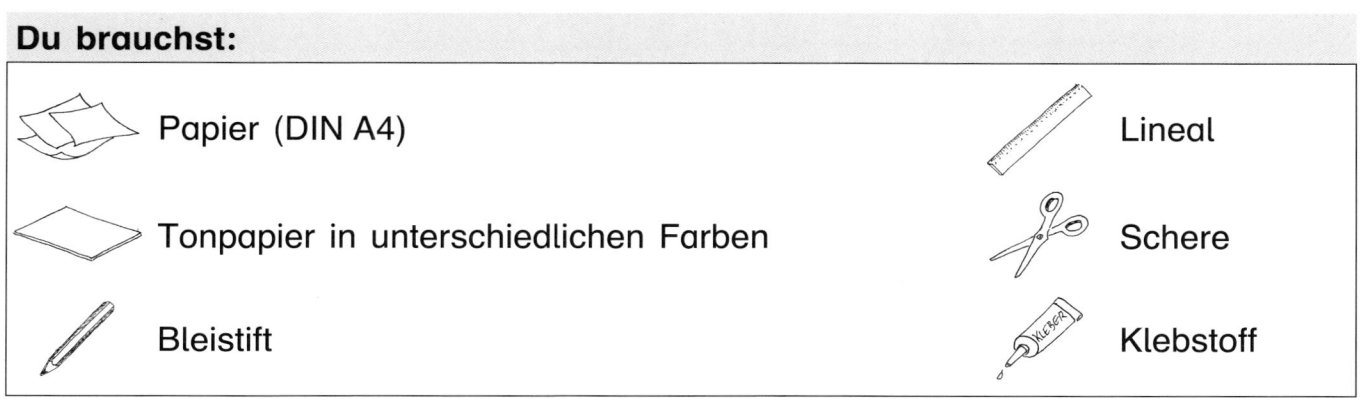

- Papier (DIN A4)
- Tonpapier in unterschiedlichen Farben
- Bleistift
- Lineal 
- Schere
- Klebstoff

Bastelanleitung:

① Überlege dir eine Weihnachtsszene.

② Überlege, welche Figuren und Bauteile du für dein Bild benötigst.

③ Mache eine kleine Skizze.

④ Schneide dir aus dem Tonpapier deine Bauteile aus.

⑤ Verwende dabei verschiedene Farben.

⑥ Lege dein Bild zunächst auf das Blatt Papier.

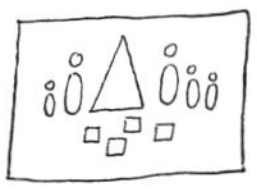

⑦ Klebe erst ganz am Ende die einzelnen Teile auf.

⑧ **Nicht vergessen: Aufräumen!**

Fertig ist dein abstraktes Kunstwerk!
Zeige es einmal deinen Mitschülern.
Können sie erkennen, was du erarbeitet hast?

Kopiervorlage: Einfache Weihnachten

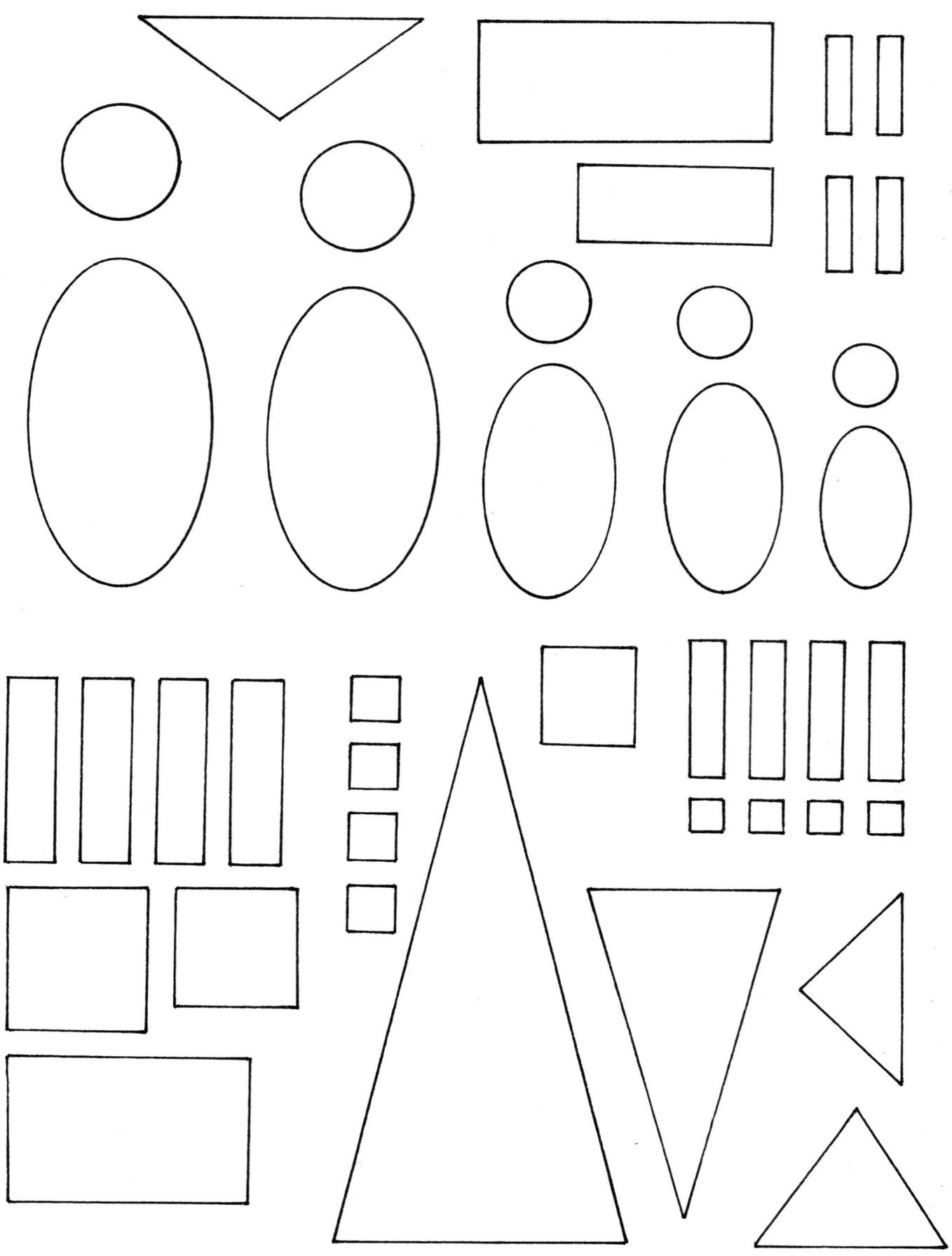

Kopiervorlage: Einfache Weihnachten (Beispiele)

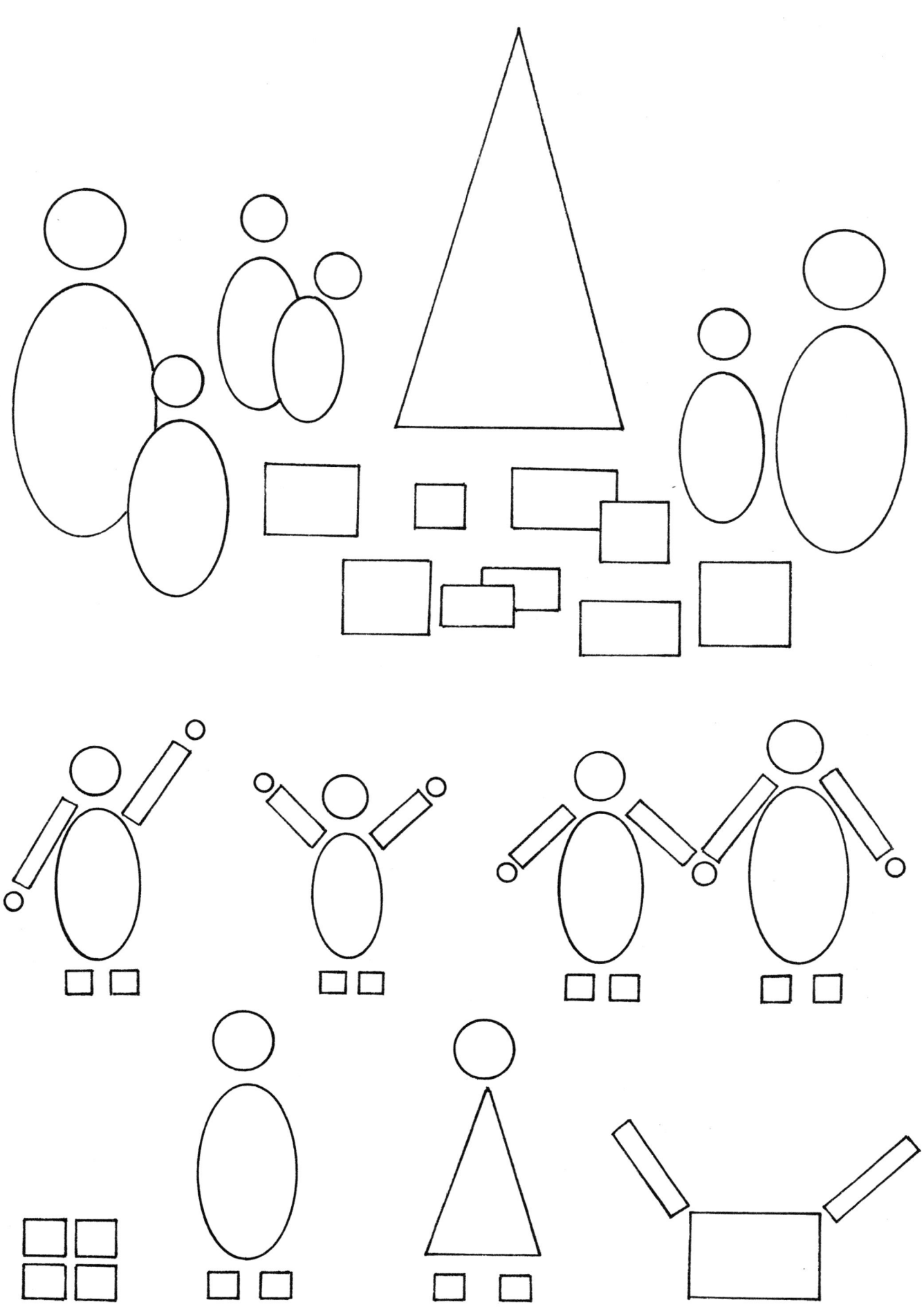

Schneebedeckte Winterlandschaft

 Du brauchst:

- schwarzes Tonpapier (DIN A4)
- gelbes Tonpapier (Reste)
- Silberstift
- Prickelnadel und Unterlage
- weißes Konfetti
- Klebstoff

 Bastelanleitung:

- Übertrage die Kopiervorlage mit dem Silberstift auf das schwarze Tonpapier.
- Prickel im Nachthimmel die Löcher als Sterne aus.
- Prickel die Fenster in den Häusern aus.
- Klebe kleine Stücke gelbes Tonpapier hinter die Sterne und Fenster.
- Klebe das weiße Konfetti unterschiedlich dick auf die Landschaftslinie auf.
- So entsteht eine richtige Schneedecke über der Landschaft.
- Klebe so lange Konfetti auf, bis die silberne Linie nicht mehr sichtbar ist. Fertig ist deine schneebedeckte Winterlandschaft!

Alternative:
Natürlich kannst du auch frei Hand eine eigene Landschaft zeichnen und anschließend mit einer Konfetti-Schneedecke überkleben.

L		**Vorbereitung** 10 Minuten	**Projekt** 1–2 Stunden

Lernziele: Kreatives Gestalten (Erproben experimenteller Arbeitsverfahren, Erkunden des Zusammenspiels unterschiedlicher Mal- und Zeichentechniken, Erstellung eigener kreativer Kunstformen auf Basis eigener fantastischer Wahrnehmungen und Eindrücke)

Hinweis: Um die Schüler bei der Erstellung einer eigenen Winterlandschaft zu unterstützen, kann zu Vorentlastung oder auch als Einstimmung auf das Thema Winter z. B. eine Gedankenreise durchgeführt werden. Hier kann bei begleitender, ruhiger Musik eine Reise durch eine schneebedeckte Landschaft erfolgen, bei der unterschiedliche Gebäude oder Naturelemente möglichst genau beschrieben werden, wie sie langsam unter wachsenden Schneebergen verschwinden.

Dies hilft den Schülern dabei, sich besser in das Thema einzufühlen, insbesondere dann, wenn die entsprechenden Wetterverhältnisse noch nicht so winterlich sind, dass ein Blick aus dem Fenster als Inspiration für die eigene kreative Arbeit dient.

Schneebedeckte Winterlandschaft

Du brauchst:

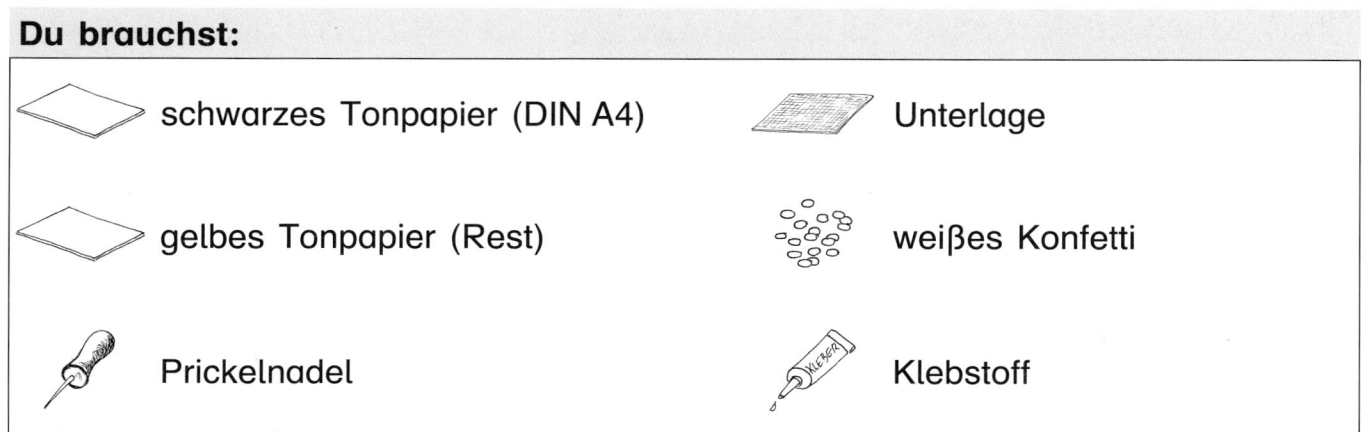

- schwarzes Tonpapier (DIN A4)
- gelbes Tonpapier (Rest)
- Prickelnadel
- Unterlage
- weißes Konfetti
- Klebstoff

Bastelanleitung:

①  Übertrage die Kopiervorlage mit dem Silberstift auf das schwarze Tonpapier.

②  Prickel im Nachthimmel die Löcher als Sterne aus.

③ 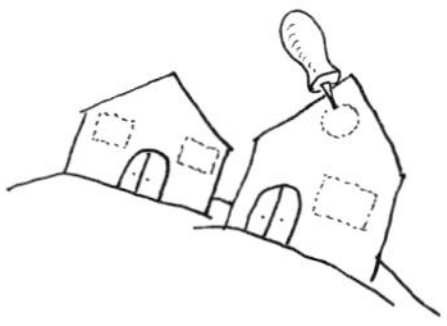 Prickel die Fenster in den Häusern aus.

④  Klebe kleine Stücke gelbes Tonpapier hinter die Sterne und Fenster.

⑤  Klebe das weiße Konfetti als Schnee auf die Landschaftslinie.

⑥  Klebe so lange Konfetti auf, bis die silberne Linie nicht mehr sichtbar ist.

⑦ **Nicht vergessen: Aufräumen!**

Jochen Schmidt: Jahreszeitliches Basteln und Gestalten – Winter
© Persen Verlag

Kopiervorlage: Schneebedeckte Winterlandschaft

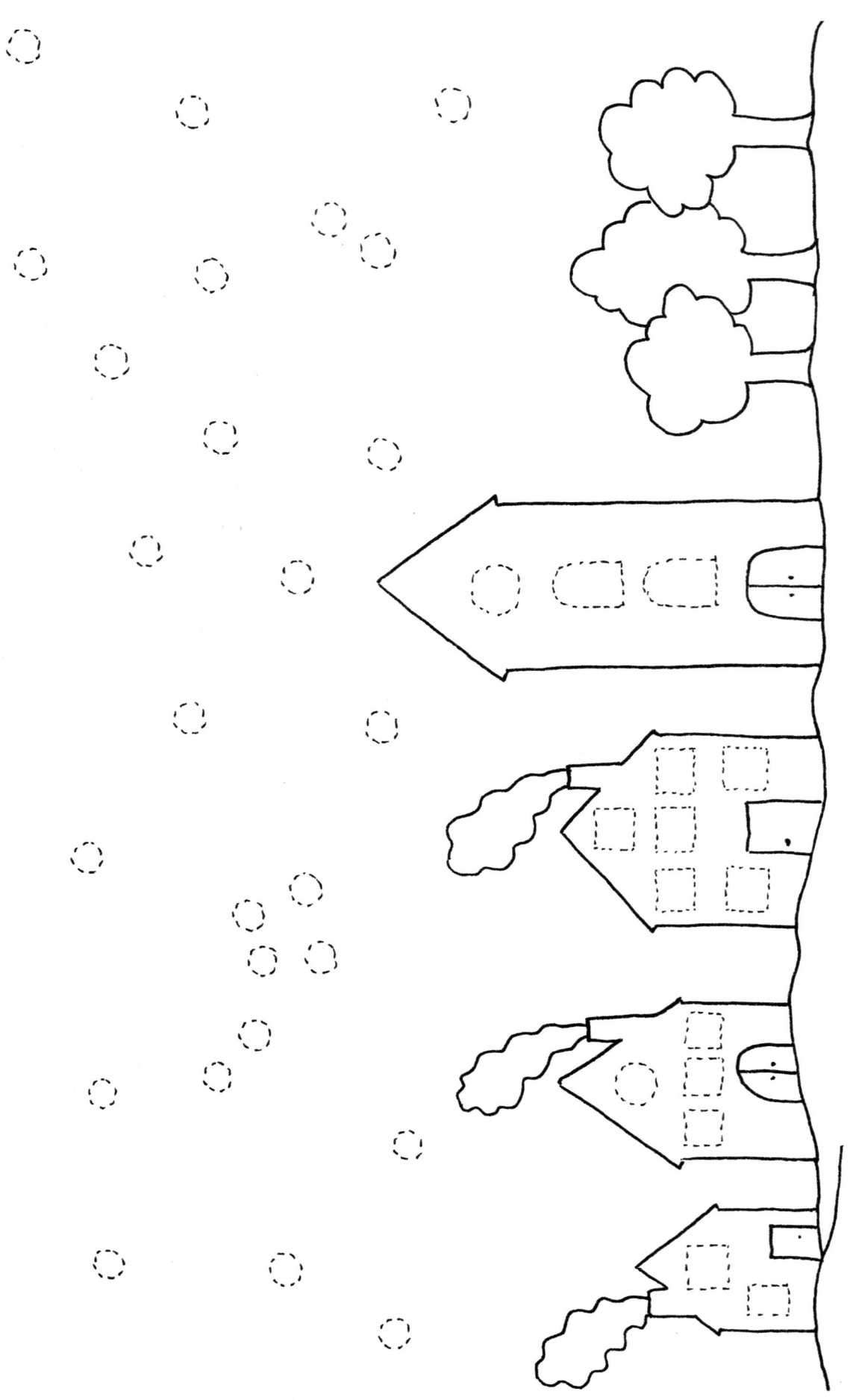

Kopiervorlage: Schneebedeckte Winterlandschaft (Alternative)

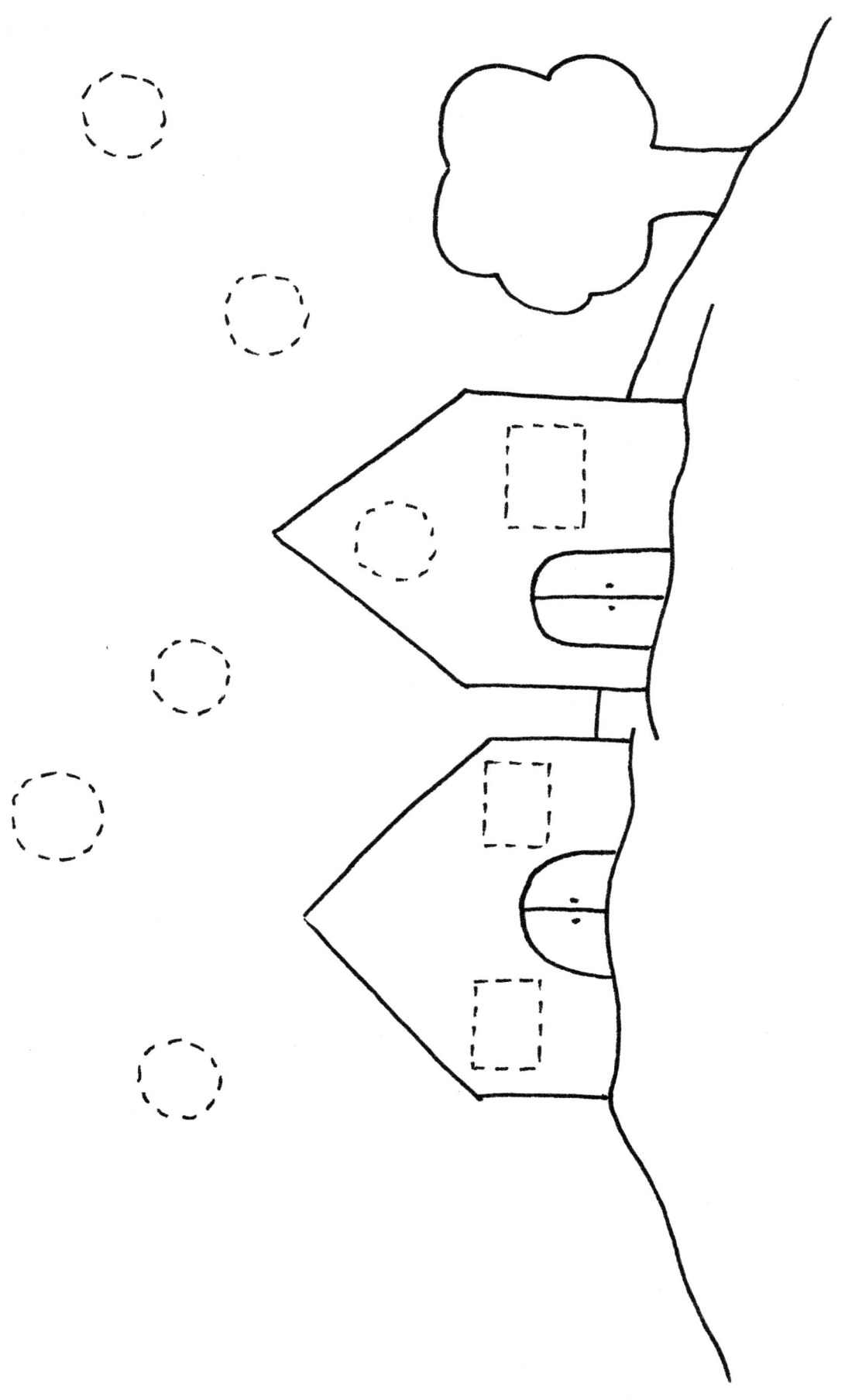

Wohlig warme Wollmützen

Du brauchst:

- 1 Blatt Tonpapier (DIN A4)
- Bleistift
- Stoffschere
- Klebstoff
- verschiedene Materialreste aus Filz, Wolle und Stoff

Vorbereitung:

Lege eine Materialkartei aus den oben genannten Materialien sowie selbst ausgewählten Materialien an. Wichtig ist dabei, dass die ausgewählten Materialien möglichst unterschiedliche Farben und Motive haben. Erst dann kannst du kreativ damit arbeiten.

Bastelanleitung:

- Übertrage die Kopiervorlage auf das Tonpapier.
- Überlege dir, was für unterschiedliche Mützen die Personen tragen könnten (Pudelmütze, Skimütze, Wollmütze, usw.).
- Schneide aus deinem Materialfundus unterschiedliche Teile für die Mützen aus.
- Klebe die Materialien auf und setze so den Personen je eine Mütze auf. Streiche doch mal mit der Hand über die Mützen. Wie fühlen diese sich denn jetzt an?

L		Vorbereitung 1–2 Stunden	Projekt 1–2 Stunden

Lernziele: Kreatives Gestalten (Erprobung und Anwendung verschiedener Arbeitstechniken, Kombination und Zusammenspiel unterschiedlicher Werkstoffe und Materialien (Stoff, Filz, Wolle), Förderung eigener kreativer Gestaltungsprozesse)

Hinweise: Für die Arbeit mit materialintensiven Projekten ist es grundlegend, dass den Schülern für ihre Bastelarbeiten eine große Auswahl an unterschiedlichen Materialien zur Verfügung steht. Ohne die nötige Vielfalt ist ein fantasievolles Arbeiten nur schwer möglich.

Planen Sie daher für die Erstellung des Materialfundus entsprechend voraus. 2-3 Wochen vor Beginn des Bastelprojektes sollten die Schüler bereits auf Materialsuche gehen. Eine Woche vor Projektbeginn sollte das Material bereits mit in die Schule gebracht und gemeinsam gesichtet werden. Dann kann ggf. noch „nachgesteuert" werden. Zusätzlich ist es ratsam, auch als Lehrkraft einen „Ersatzfundus" anzulegen, aus dem sich Schüler, die dann doch noch zusätzliches Material benötigen, bei Bedarf bedienen können.

Wohlig warme Wollmützen

Du brauchst:

- 1 Blatt Tonpapier (DIN A4)
- Bleistift
- Schere
- Stoffschere
- Klebstoff
- verschiedene Materialreste (Wolle, Filz, Stoffe)

Vorbereitung:

Lege eine Materialkartei aus den oben genannten Materialien sowie selbst ausgewählten Materialien an. Wichtig ist dabei, dass die ausgewählten Materialien möglichst unterschiedliche Farben und Motive haben.
Erst dann kannst du kreativ damit arbeiten.

Bastelanleitung:

1. Übertrage die Kopiervorlage auf das Tonpapier.
2. Überlege dir, was für unterschiedliche Mützen die Personen tragen könnten.
3. Schneide aus deinen Materialien Teile für die Mützen aus.
4. Klebe den Personen verschiedene Mützen auf.
5. Streich doch mal mit der Hand über die Mützen. Wie fühlen diese sich denn jetzt an?

6. **Nicht vergessen: Aufräumen!**

Kopiervorlage: Wohlig warme Wollmützen (1)

Kopiervorlage: Wohlig warme Wollmützen (2)

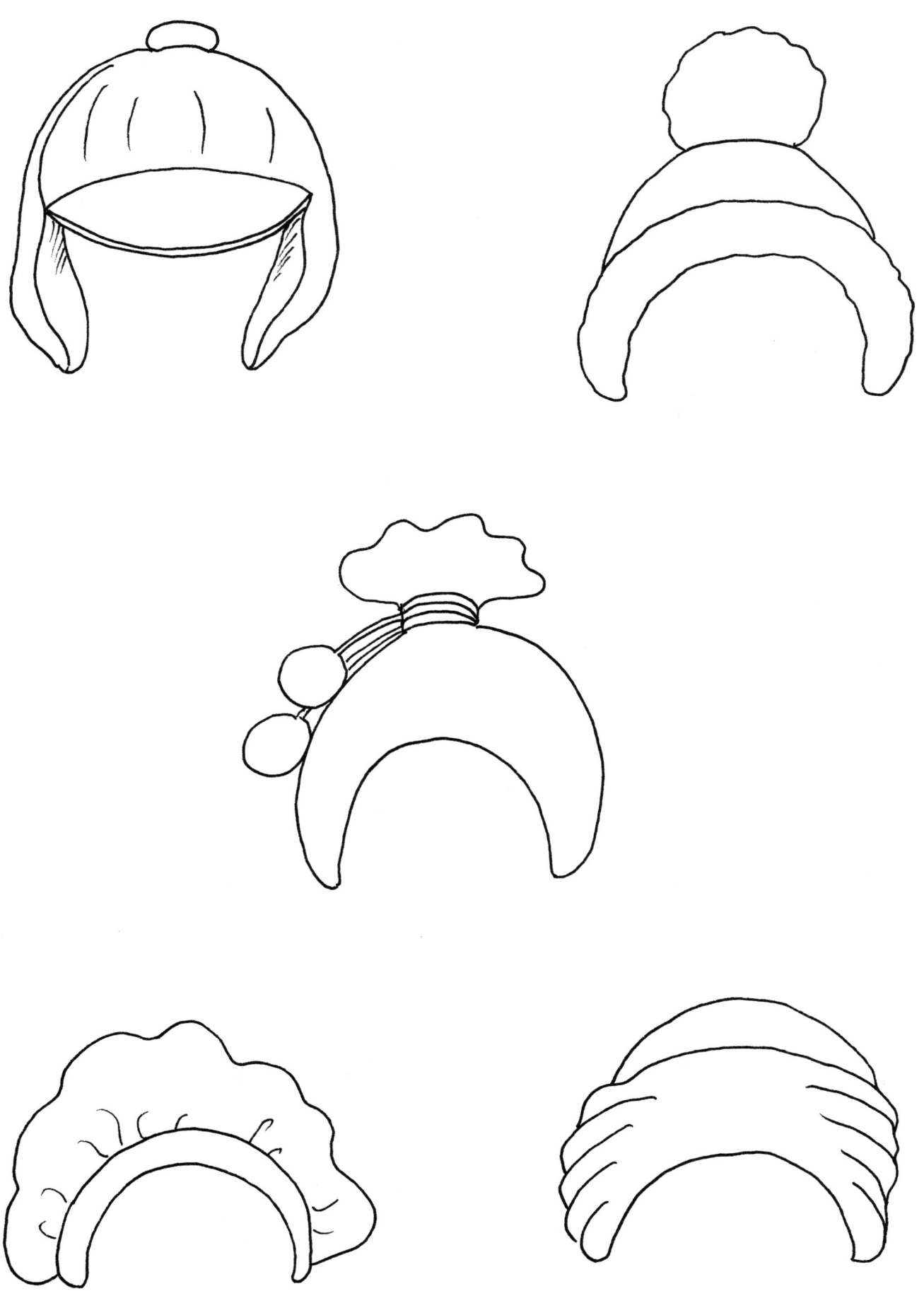

Nikolausaquarell

 Du brauchst:

- 1 Blatt Tonpapier/Aquarellpapier (DIN A4)
- Bleistift oder schwarzen Fineliner
- Farbkasten
- Pinsel
- Wasserglas
- Küchenrolle

 Bastelanleitung:

- Übertrag die Kopiervorlage auf das Tonpapier.
- Zeichne weitere Details, z. B. auf den Mantel, wenn du magst.
- Aquarelliere das Bild farbig.
- Verwende dazu viel Wasser und wenig Farbe.
- Achte darauf, dass das Blatt Papier nicht wellig wird.
- Tupfe überschüssiges Wasser ab.
- Lass die Farbe trocknen.
  Fertig ist dein Nikolausaquarell!

L		**Vorbereitung** 10 Minuten	**Projekt** 1 Stunde

Lernziele: Farbiges Gestalten, Kreatives Gestalten (Erprobung und Anwendung verschiedener Arbeitstechniken, Fokus: Aquarellieren)

Hinweis: Alternativ kann das Bild natürlich auch einfach mit dem Farbkasten oder Buntstiften farbig ausgestaltet werden. Das erleichtert die Arbeit und reduziert den Schwierigkeitsgrad. Sie können es den Schülern auch freistellen, auf welche Art und Weise der Nikolaus ausgestaltet wird.

Das Nikolausaquarell eignet sich auch als Gesprächs- oder Schreibanlass zum gemeinsamen Lesen der Nikolausgeschichte oder generell als Hinführung zum Thema.

Nikolausaquarell

Du brauchst:

	1 Blatt Tonpapier/Aquarellpapier (DIN A4)		Pinsel
	schwarzen Fineliner		Wasserglas
	Farbkasten		Trockentuch

Bastelanleitung:

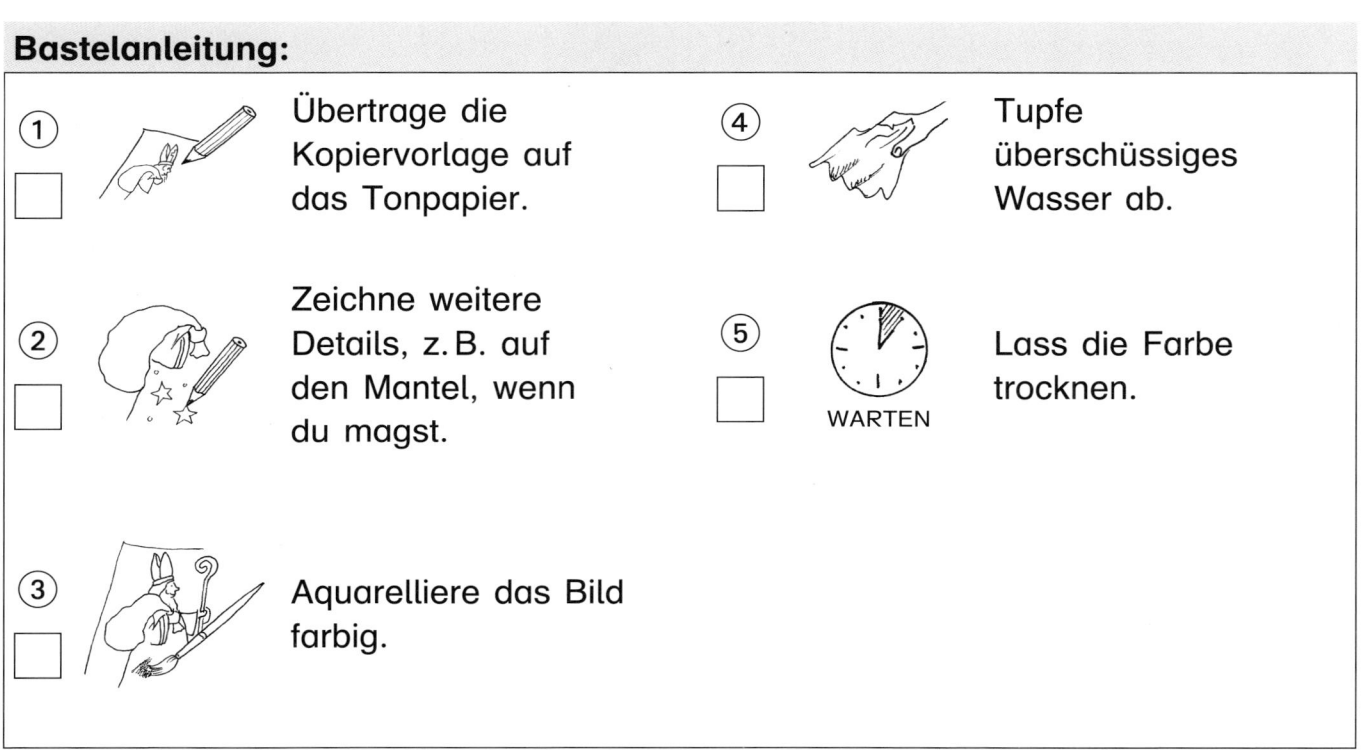

① Übertrage die Kopiervorlage auf das Tonpapier.

② Zeichne weitere Details, z. B. auf den Mantel, wenn du magst.

③ Aquarelliere das Bild farbig.

④ Tupfe überschüssiges Wasser ab.

⑤ Lass die Farbe trocknen. WARTEN

⑥ **Nicht vergessen: Aufräumen!**

Kopiervorlage: Nikolausaquarell

Kopiervorlage: Nikolausaquarell Alternative

Eingeschneit

Du brauchst:

- Papier (DIN A4, DIN A3, je nach Größe des Fotos)
- Foto mit Wintermotiv (Außenaufnahme; Landschaft)
- Fotokopie des Fotos (schwarz-weiß; 1:1)
- Klebstoff
- Pinsel
- Deckweiß
- Wasserfarbe (schwarz)
- Trockentuch

Bastelanleitung:

- Klebe dein Foto auf die obere Hälfte des Blattes.
- Klebe die Fotokopie des Fotos auf die untere Hälfte des Blattes.
- Stell dir vor, wie dein Bild wohl im Winter aussehen könnte.
- Es hat geschneit, und der Bildgegenstand hat sich stark verändert.
- Male mit Deckweiß in unterschiedlichen Weiß-Abstufungen Schnee auf das Bild in der Fotokopie.
- Vergleiche abschließend beide Bilder miteinander.

L	**Vorbereitung** 10 Minuten	**Projekt** 1–2 Stunden

Lernziele: Farbiges Gestalten, Kreatives Gestalten (Erprobung und Anwendung verschiedener Arbeitstechniken, Kombination und Zusammenspiel unterschiedlicher Werkstoffe und Materialien, Erproben experimenteller Arbeitsverfahren, Verwandeln von Dingen/ Eindrücken aus dem täglichen Leben, Umsetzung in kreative Fantasiegebilde)

Hinweise: Für dieses Projekt kann es sinnvoll sein, ein paar Fotos aus dem privaten Besitz es können notfalls auch Ausschnitte aus einer Zeitschrift oder einem Magazin sein als Reserve bereitzulegen. Nicht alle Schüler werden vielleicht ein geeignetes Motiv finden und für das Projekt mitbringen können.

Das Foto kann natürlich auch von einem gemeinsamen Spaziergang oder Wandertag aus dem Winter stammen. Das verleiht dem Projekt dann natürlich eine ganz besonders persönliche Note.

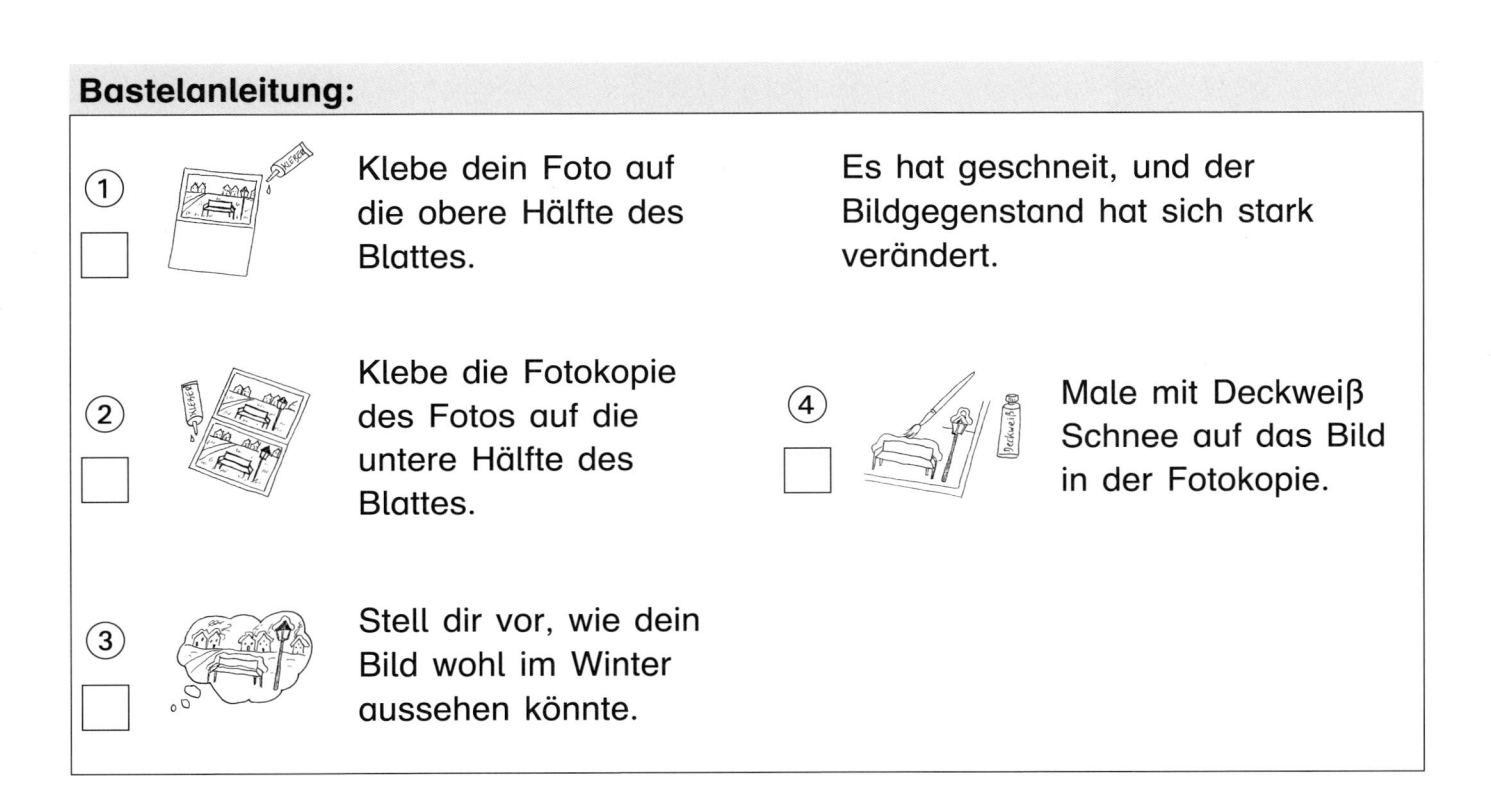

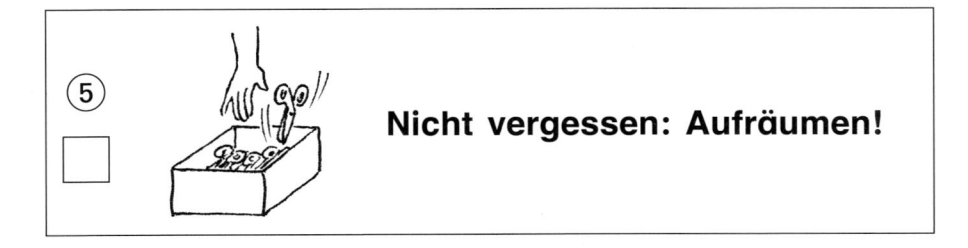

Eingeschneit

Du brauchst:

- Papier (DIN A4, DIN A3, je nach Größe des Fotos)
- Foto mit Wintermotiv
- Fotokopie des Fotos
- Klebstoff
- Pinsel
- Deckweiß
- Wasserfarbe (schwarz)
- Trockentuch

Bastelanleitung:

1. Klebe dein Foto auf die obere Hälfte des Blattes.

2. Klebe die Fotokopie des Fotos auf die untere Hälfte des Blattes.

3. Stell dir vor, wie dein Bild wohl im Winter aussehen könnte.

Es hat geschneit, und der Bildgegenstand hat sich stark verändert.

4. Male mit Deckweiß Schnee auf das Bild in der Fotokopie.

5. **Nicht vergessen: Aufräumen!**

Eingeschneit (Foto-Vorlage)

Bei Kerzenschein

Du brauchst:

- roten Tonkarton (DIN A4)
- Transparentpapier (rot und etwas gelb)
- Schere
- Klebstoff
- Prickelnadel und Unterlage

Bastelanleitung:

- Übertrage die Kopiervorlage auf den Tonkarton.
- Schneide die Vorlage mit der Schere aus.
- Prickel die Innenseiten entlang der gestrichelten Linien aus.
- Schneide Transparentpapier entsprechend der Vorlage aus.
- Klebe das rote Transparentpapier hinter die Kerze.
- Klebe das gelbe Transparentpapier hinter die Flamme.
- Trage Klebstoff auf die Klebefläche.
- Klebe die Kerze so zusammen, dass ein Ring entsteht.
  Fertig ist deine Kerze!

Varianten:
Bei der zweiten Variante der Kerze muss unbedingt darauf geachtet werden, dass diese vom Durchmesser her groß genug ist um sich nicht zu stark zu erhitzen oder Feuer zu fangen. Arbeiten Sie daher am besten mit einem DIN A3-Blatt, auf das die Vorlage entsprechend groß übertragen wird.

	Vorbereitung	Projekt
	10 Minuten	1–2 Stunden

Lernziele: Kreatives Gestalten, Räumliches Gestalten (einfaches Objektdesign nicht-figürlicher Objekte, Arbeit mit Licht)

Hinweise: Bei der Arbeit mit Kerzen und offenem Feuer ist stets besondere Vorsicht geboten. Die Teelichter sollten erst nach Fertigstellung der Kerzen gemeinsam mit der Lehrkraft eingesetzt und deren Wirkung ausprobiert werden.

Kopiervorlage: Bei Kerzenschein (Variante 1)

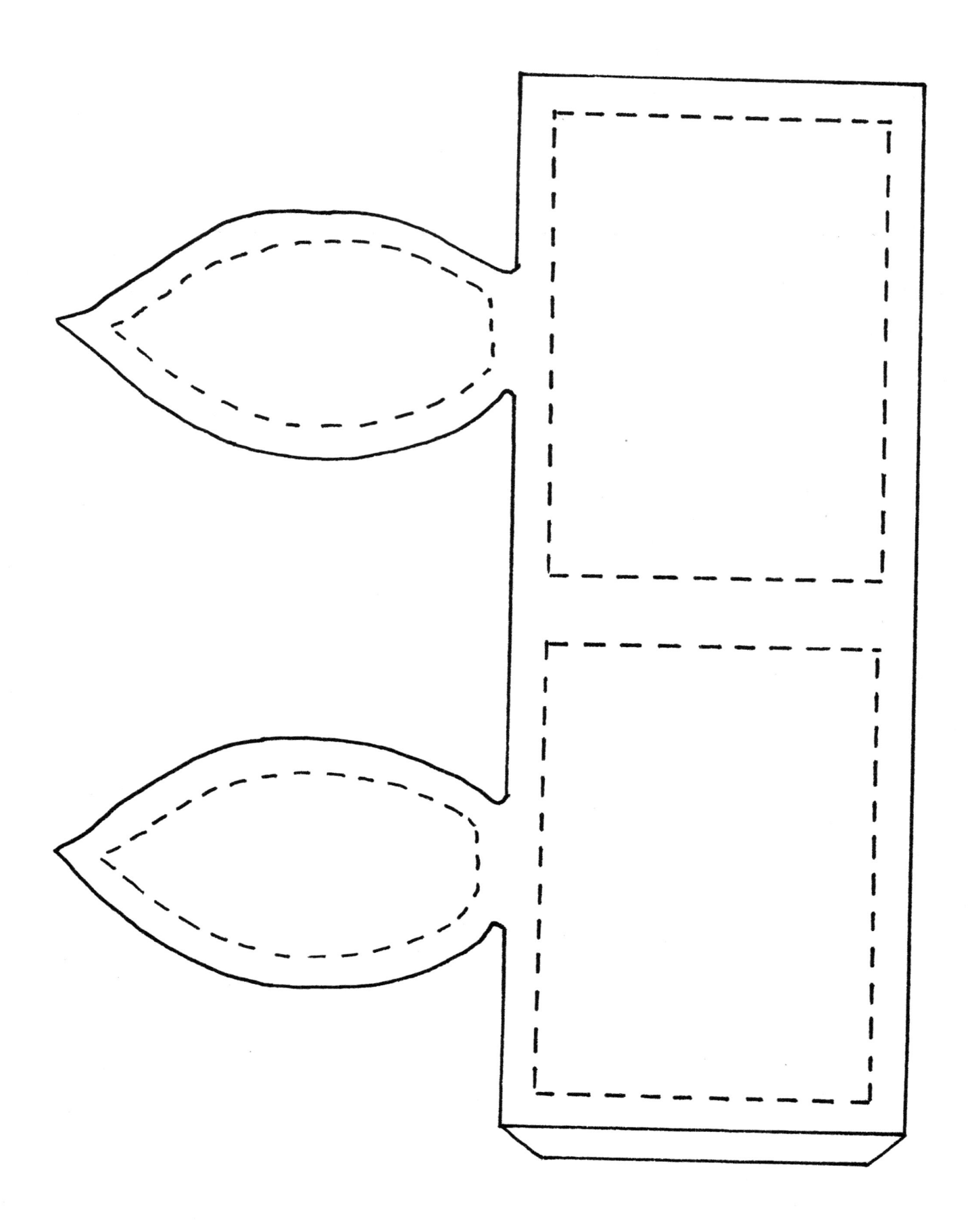

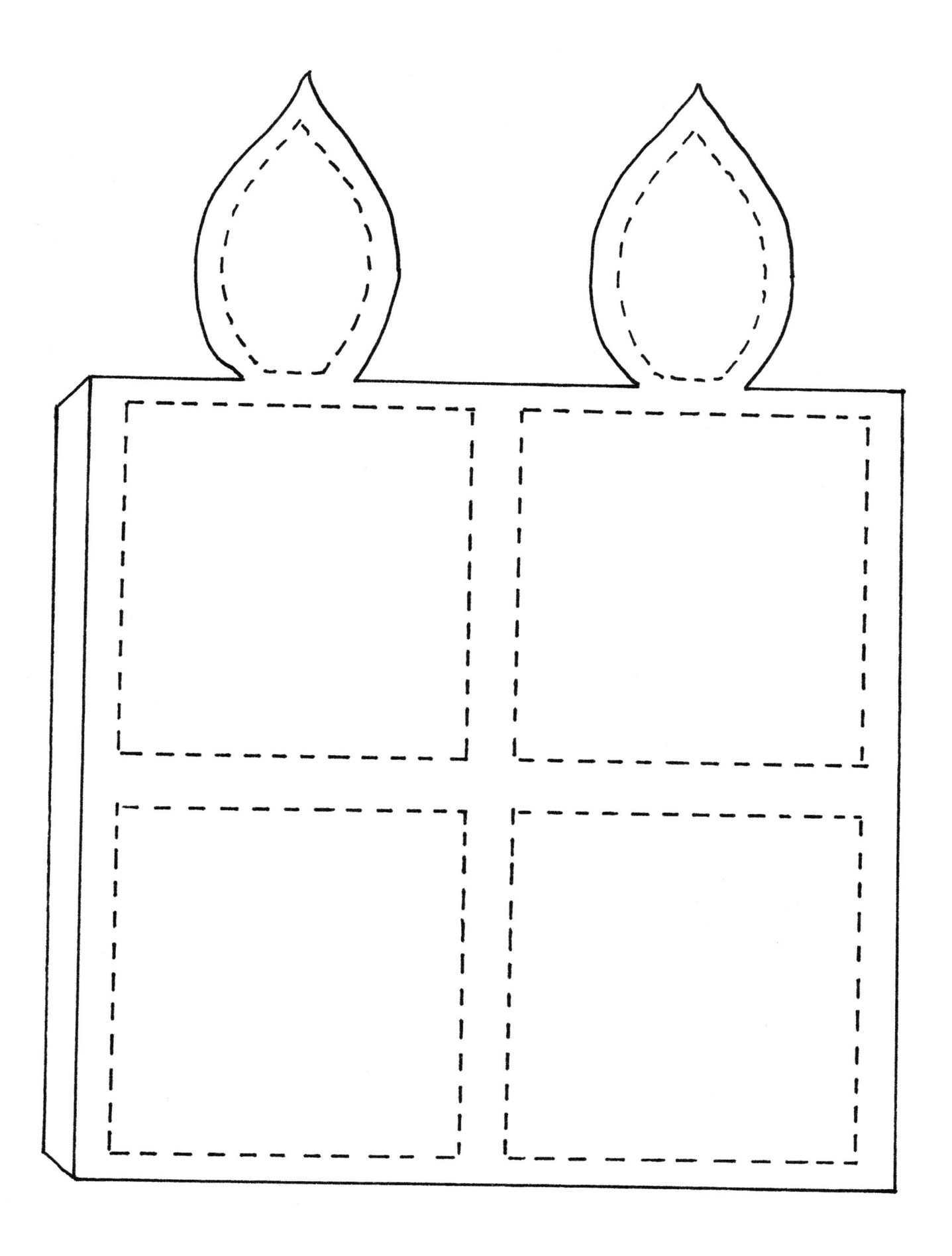

Kopiervorlage: Bei Kerzenschein (Variante 2)

Jochen Schmidt: Jahreszeitliches Basteln und Gestalten – Winter
© Persen Verlag

41

Am Nikolausabend

Du brauchst:

- 1 Blatt Tonpapier (DIN A4)
- 1 Blatt Tonpapier (DIN A5)
- farbige Buntstifte
- Cutter/Prickelnadel
- Cutter-/Prickelunterlage

Bastelanleitung:

- Übertrage die Kopiervorlage auf das Tonpapier.
- Prickel das Fenster innen entlang der gestrichelten Linien aus.
- Falte die Häuserwand links und rechts einmal um, sodass ein 3D-Gebilde entsteht.
- Male die Häuserwand farbig an.
- Male auf das weiße Tonpapier (DIN A5, Hochformat) aus der Fantasie eine Nikolausszene oder ein besonderes Erlebnis aus der Weihnachtszeit. Achte darauf, dass man nachher alles durch das Fenster gut sehen kann!
- Klebe deine Nikolausszene an der Klebefalz der beiden Wände hinter das Fenster.

	Vorbereitung	Projekt
	10 Minuten	2–3 Stunden

Lernziele: Farbiges Gestalten, Kreatives Gestalten (Erprobung und Anwendung verschiedener Arbeitstechniken, Kombination und Zusammenspiel unterschiedlicher Werkstoffe und Materialien, selbständige Anwendung von Farben und Farbkombinationen im eigenen kreativen Gestaltungsprozess)

Hinweis: Nicht alle Schüler werden einen Nikolausabend z. B. im Kreise der Familie begehen. Stellen Sie daher den Arbeitsauftrag evtl. etwas freier, z. B. ein winterlicher Abend zu Hause. So sind alle Kinder in der Lage, das Thema entsprechend umzusetzen. Allerdings können die Bilder der Schüler, die z. B. den Nikolausabend visuell festhalten, als Gesprächsanlass zum Nikolaus genutzt werden. Alternativ kann der Arbeitsauftrag auch in das Lesen der Nikolausgeschichte eingebettet und dann als Anlass einer, möglicherweise fiktionalen Nikolausbegegnung kreativ genutzt werden.

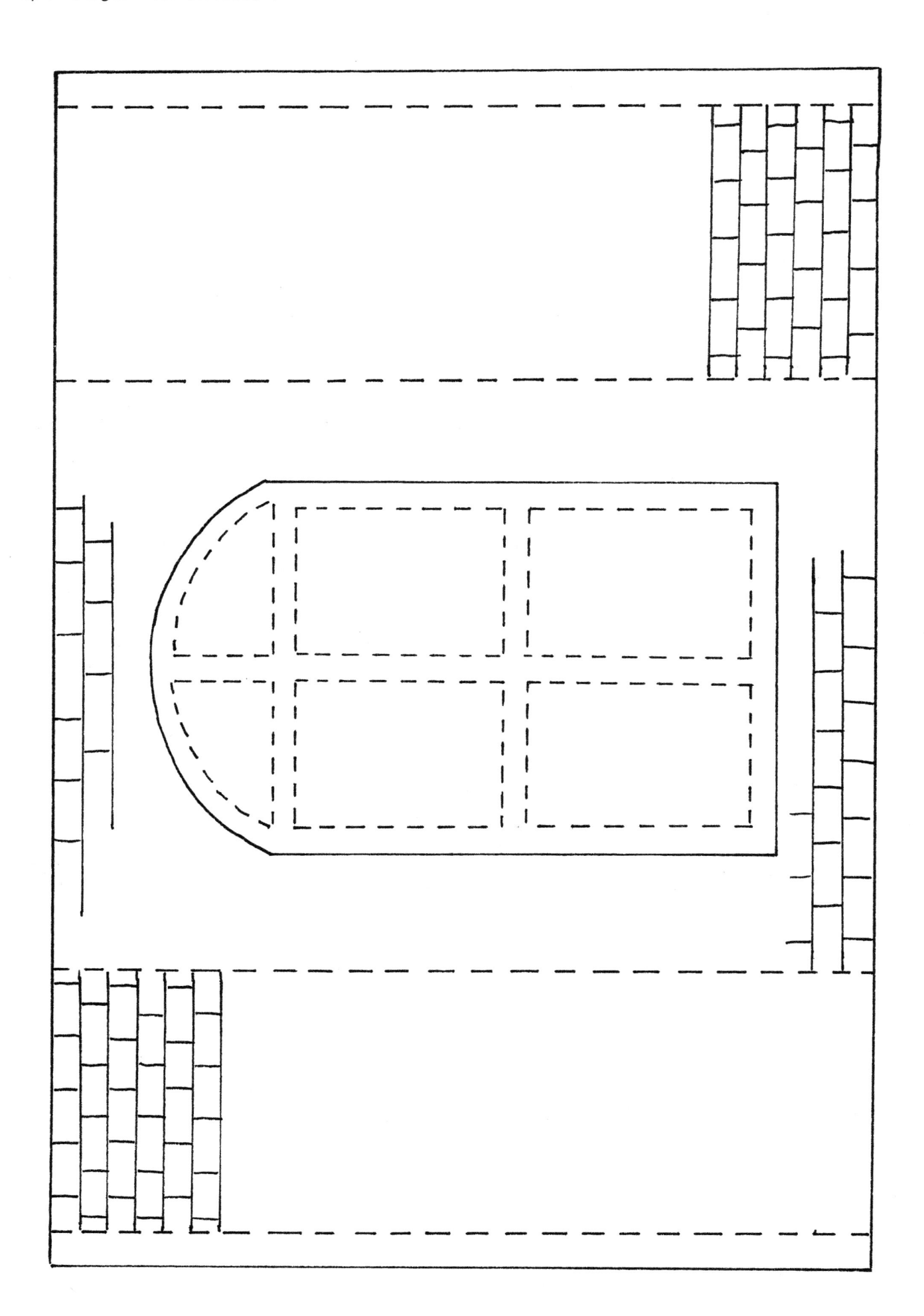

Kopiervorlage: Am Nikolausabend

Festlicher Krippenschmuck

Du brauchst:

- Quader aus Hartschaum (etwa 3×3×8 cm bzw. 3×3×10 cm)
- Bleistift
- Plastikmesser
- Acrylfarbe
- Pinsel
- Mischpalette
- Trockentuch

Arbeitsanweisung:
Aus den einzelnen Quadern werden einfache Figuren für eine Weihnachtskrippe gebastelt. Es dürfen nur die Quader verwendet werden; es sollen keine weiteren Körperteil, z. B. Arme oder ein Kopf, angeklebt werden. Die Figuren sollen ganz einfach gestaltet werden.

Bastelanleitung:

- Überlege dir, welche Figuren (Maria, Josef, Jesuskind, Hirten, Heiligen Drei Könige) du gerne basteln möchtest.
- Schneide die Quader in der entsprechenden Größe zu.
- Zeichne mit dem spitzen Bleistift Gesichter, Kopfbedeckungen, Frisuren und Kleidung in die Quader (siehe Anleitung).
- So entstehen einzelne Figuren für die Krippe.
- Male anschließend die einzelnen Figuren farbig an.
- Auf der Mischpalette kannst du entsprechende Farben anmischen.
- Lass die Figuren anschließend gut trocknen.
  Viel Spaß beim Erschaffen deiner Figuren!

Alternative:
Wenn du noch etwas Zeit hast, kannst du auch noch Tiere für den Stall, z. B. Ochsen und Esel, herstellen. Dann könntest du auch etwas größere Quader verwenden.

	Vorbereitung	**Projekt**
	10 Minuten	3–4 Stunden

Lernziele: Grafisches Gestalten (Aufspüren von Oberflächenbeschaffenheit (Hartschaum), Kennenlernen neuer Arbeitsmaterialien, erste Auseinandersetzung mit Abstraktion in gestalterischen Prozess, Erprobung und Anwendung verschiedener Arbeitstechniken, Kombination und Zusammenspiel unterschiedlicher Werkstoffe und Materialien)

Hinweise: Das Arbeiten mit Hartschaum ist sehr einfach. Nur ist es nicht immer ganz leicht, das Material im örtlichen Bastelgeschäft oder Baumarkt zu finden (beides sind ursprünglich Dämmstoffe, die aber aufgrund ihrer einfachen Bearbeitbarkeit auch im Modellbau eingesetzt werden). Im Internet finden sich aber zahlreich Anbieter. Hartschaum ist leicht schneid- und formbar. Auch lassen sich mit spitzem Bleistift Formen und Motive permanent einritzen. Ähnlich wie Styropor muss auch Hartschaum mit einem entsprechenden Klebstoff verklebt werden. Es empfiehlt sich, pro Tischgruppe einen Kleber zu verwenden. Dies minimiert die Unkosten. Dieses Bastelprojekt eignet sich hervorragend für die Weihnachtszeit und eine Lesebegleitung durch die Weihnachtsgeschichte. Ebenso ist eine Hinführung zum Thema Weihnachten denkbar.

Bastelanleitung: Festlicher Krippenschmuck

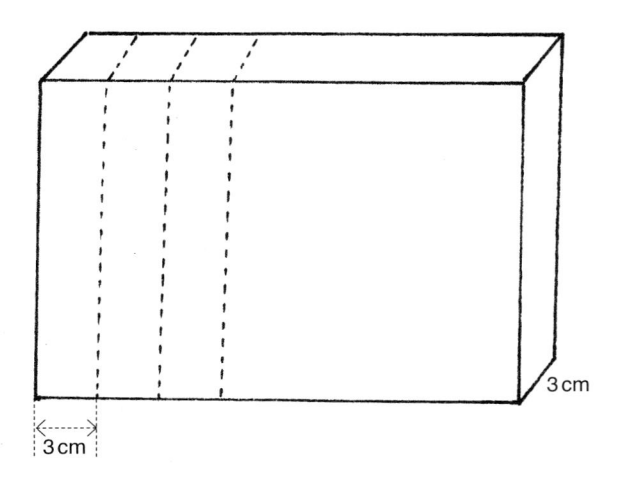

① Ausschneiden einzelner Quader als Figuren.

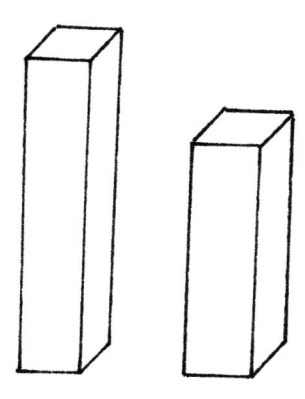

② Zuschneiden auf passende Größe.

③ Mit dem spitzen Bleistift modellieren.

④ Abschließend mit dem Pinsel colorieren.

Kerzenständer

Du brauchst:

- ein Stück Ast (6×10 cm bzw. 6×12 cm)
- Abtönfarbe
- Pinsel
- Trockentuch
- Teelicht

Bastelanleitung:

- Säubere zunächst den Ast von lockeren Teilen (Rinde, Flechten).
- Male den Ast farbig an.
- Möglich ist z. B. das Anmalen in roter oder weißer Farbe, damit der Ast im Anschluss wie eine Kerze aussieht.
- Aber auch andere Farben oder Farbkombinationen sind möglich.
- Trage die Farbe dick auf, damit sie gut abdeckt.
- Lass die Farbe anschließend lange und gründlich trocknen.

	Vorbereitung	Projekt
	10 Minuten	2–3 Stunden

Lernziele: Kreatives Gestalten, Kennenlernen neuer Arbeitsmaterialien, Erprobung und Anwendung verschiedener Arbeitstechniken, Kombination und Zusammenspiel unterschiedlicher Werkstoffe und Materialien.

Hinweise: Beim Umgang mit offenen Flammen und Feuer ist im Unterricht immer besondere Vorsicht geboten!

Die hergestellten Kerzenständer eigenen sich auch sehr gut als Weihnachtsgeschenk, z. B. für Eltern oder Großeltern.

Alternative: Wenn Sie auch Werkunterricht anbieten, können die Schüler die Äste für die Kerzenständer auch selbst zusägen. Andernfalls muss dieser Part z. B. von Eltern übernommen werden. Dies ist aber mit einigen wenigen Helfern schnell erledigt. Ein Klassensatz zugesägter Äste dauert nicht länger als eine Stunde. Anschließend müssen noch mit einem Forstner-Bohrer die Aussparungen für die Teelichte in den Kopf des Astes gesägt werden. Achten Sie auf eine Bohrtiefe von etwa 2 cm.

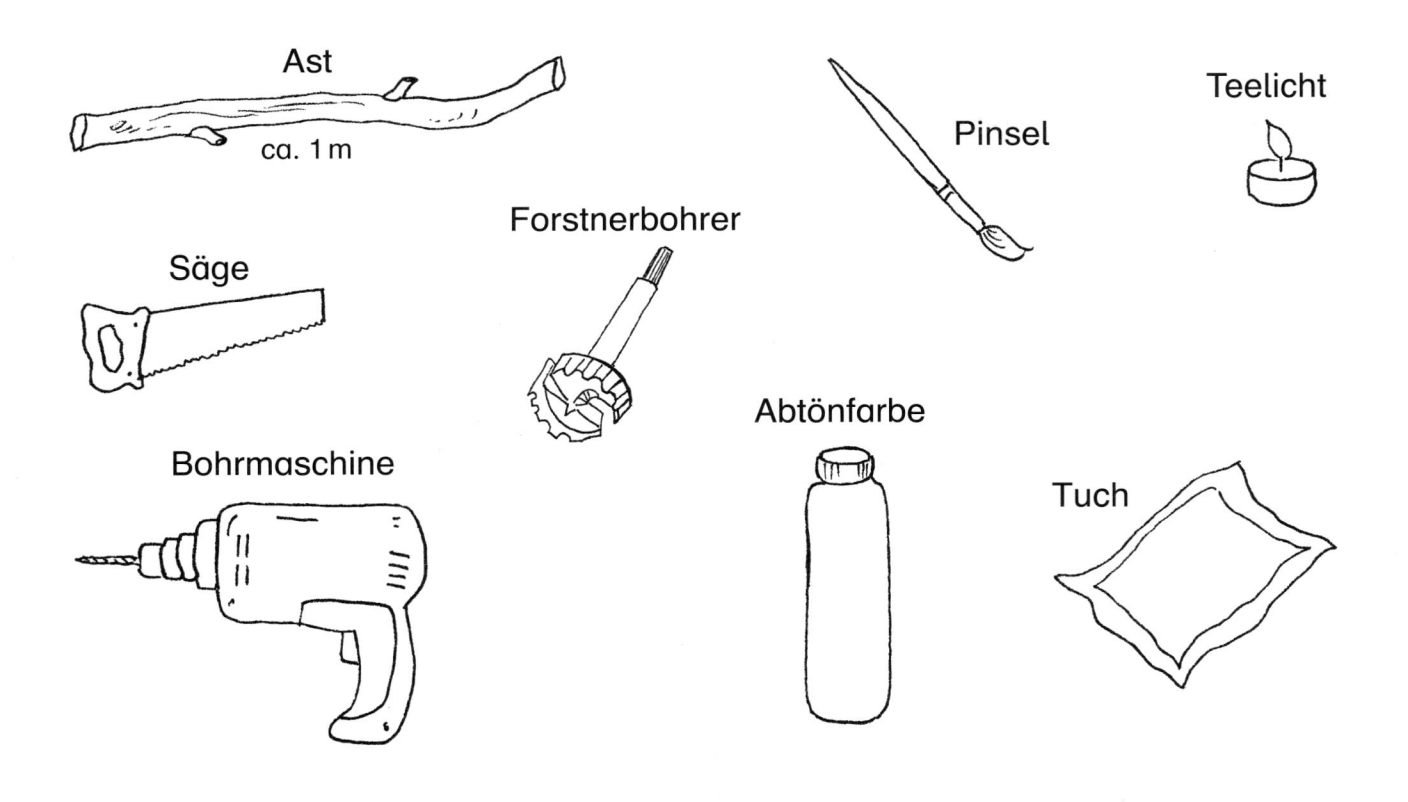

Bastelanleitung: Kerzenständer

Ast ca. 1 m

Pinsel

Teelicht

Säge

Forstnerbohrer

Abtönfarbe

Bohrmaschine

Tuch

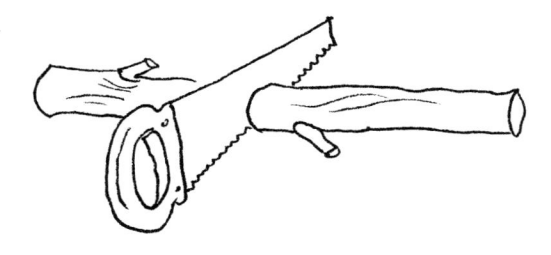

---

① Einzelne Stücke sägen (ca. 10–12 cm)

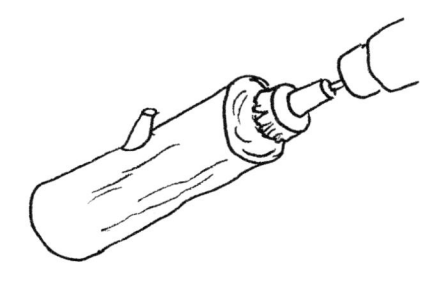

② Ein Loch mit dem Forstnerbohrer fräsen (2–3 cm tief)

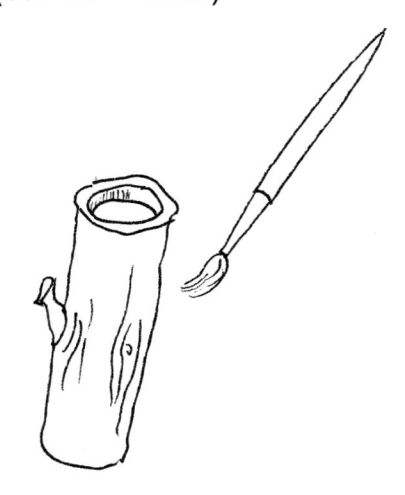

③ Den Kerzenständer anmalen

④ Teelicht hineinstellen

Weihnachtlicher Klassenkalender

Du brauchst:

- 1 Blatt Tonkarton in der Farbe deiner Wahl (DIN A4)
- weißes Papier (DIN A5)
- Prickelnadel und Unterlage
- Farbige Filzstifte, Silber- oder Goldstift
- Klebstoff

Bastelanleitung:

- Übertrage die Kopiervorlage auf den Tonkarton.
- Prickel die Vorlage entlang der gestrichelten Linie aus.
- Knicke die Vorlage wie eine Doppelkarte.
- Schneide entsprechend der Vorlage ein Stück weißes Papier aus, das in die Innenseite des Kalenderblattes geklebt wird.
- Schreibe einen freundlichen Gruß, einen Wunsch oder einen weihnachtlichen Spruch auf das Papier.
- Alternativ kannst du auch etwas Schönes Malen oder Zeichnen.
- Klebe das Papier anschließend auf die rechte Seite des Kalenderblattes.
- Trage Klebstoff auf die richtige Seite der Klebeflächen auf.
- Klebe das Kalenderblatt zu.
- Durch die geprickelte Tür kann man das Kalenderblatt öffnen.
- Besprecht im Klassenverband gemeinsam, wer welche Nummer auf sein Kalenderblatt schreibt. Achtet darauf, dass alle Nummern von 1–24 vergeben sind.
- Wenn ihr mehr als 24 Schüler seid, gibt es manche Zahlen doppelt.
- Male deine Zahl mit dem Silber- oder Goldstift auf das Kalenderblatt.
- Die Kalenderblätter können abschließend z. B. auf der Fensterbank gesammelt werden.

	Vorbereitung	Projekt
	10 Minuten	1 Stunde

Lernziele: Kreatives Gestalten (Einführende Erprobung und Anwendung verschiedener Arbeitstechniken, Kombination und Zusammenspiel unterschiedlicher Werkstoffe und Materialien, Anwendung von Farben und Farbkombinationen im eigenen Schaffens- und Gestaltungsprozess)

Hinweise: Vor dem Projekt ist es ratsam, den Schülern entsprechende Kalendertage zuzulosen, damit jeder Schüler einmal die Möglichkeit hat, eine Kalendertür zu öffnen und entsprechend am Ritual des gemeinsamen Klassenkalenders teilzuhaben. Da manche Kalendertage bei Klassengrößen jenseits 24 Schüler doppelt besetzt sind, ist sichergestellt, dass auch wirklich jeder Schüler berücksichtigt wird.

Gegebenenfalls können Sie auch die Schüler einander zulosen, sodass die Schüler sich entsprechend auf die Person, der sie einen Wunsch oder Gruß aufschreiben, einstellen können. So wird eine noch persönlichere Ansprache möglich. Dies kann im Rahmen von Unterstützungsmaßnahmen des sozialen Lernens sehr förderlich sein.

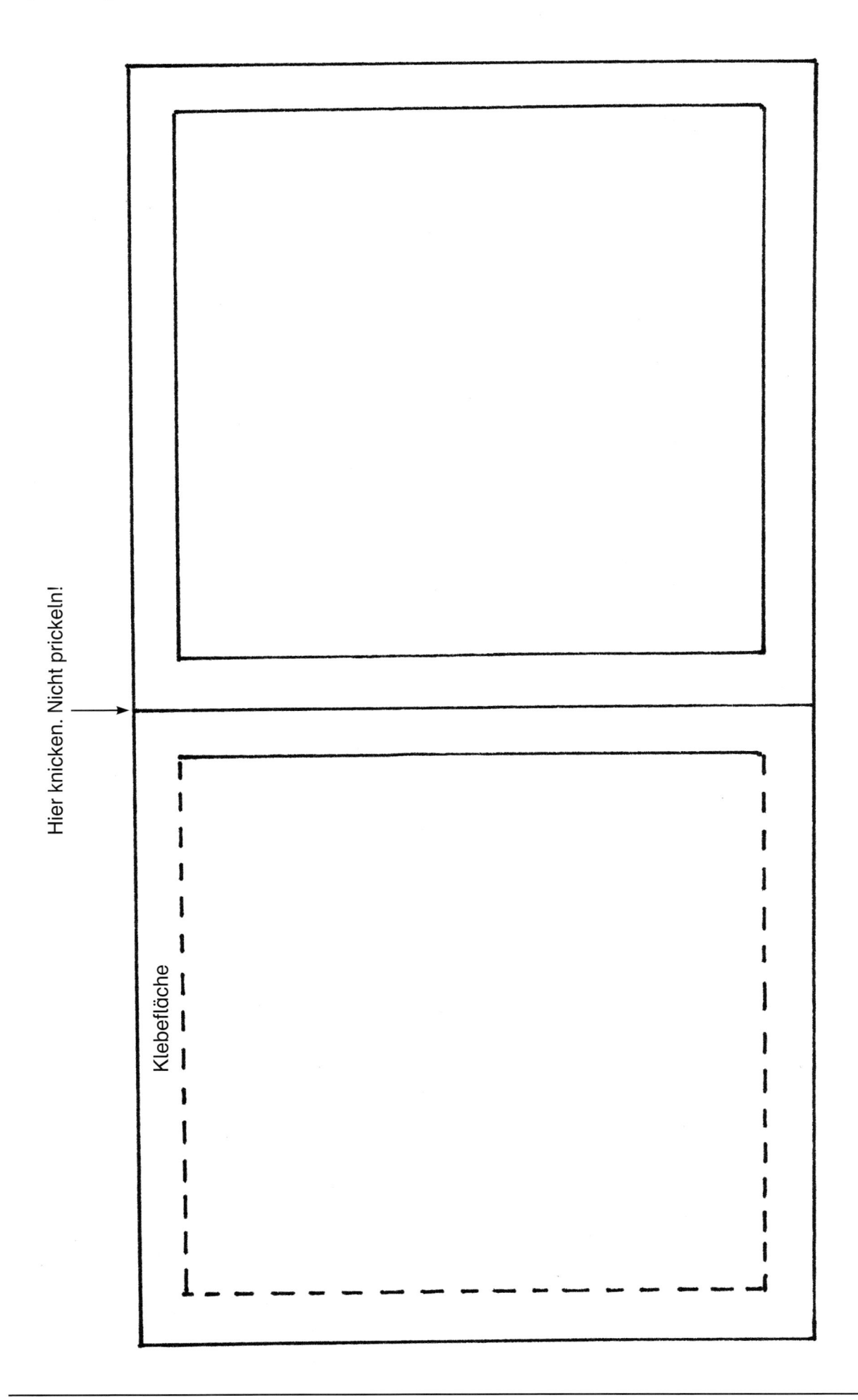

Kopiervorlage: Weihnachtlicher Klassenkalender

Hier knicken. Nicht prickeln!

Klebefläche

Jochen Schmidt: Jahreszeitliches Basteln und Gestalten – Winter
© Persen Verlag

Iglu-Bau

Du brauchst:

- 1 Hartschaumplatte (DIN A4, Stärke 4 cm)
- Klebstoff für Hartschaumplatten
- Cutter und Unterlage
- Metalllineal

Bastelanleitung:

- Schneide dir schmale Streifen aus der Hartschaumplatte (4×1×29 cm) aus.
- Schneide dir aus den Streifen kleine Bausteine (4×1×2,5 cm).
- Du benötigst 60–80 Bausteine.
- Baue gemäß Vorlage aus den Steinen ein Iglu.
- Beginne mit einem großen Grundkreis, etwa 10–12 Steine.
- Klebe den zweiten Kreis darauf und neige die Steine leicht nach innen.
- Baue versetzt.
- Baue in immer kleiner werdenden Kreisen bis das Iglu sich schließt.
- Klebe einen runden Schlussstein oben auf das Iglu als Dach.
- Schneide abschließend noch eine abgerundete Tür in dein Iglu.

L		**Vorbereitung** 10 Minuten	**Projekt** 2–3 Stunden

Lernziele: Kreatives Gestalten (Aufspüren von Oberflächenbeschaffenheit (Hartschaum), Kennenlernen neuer Arbeitsmaterialien, Erlernen und Erproben einfacher Bastelverfahren, Erproben von Materialien und Materialverbindungen, Herstellen von nicht-figürlichen Objekten)

Hinweise: Das Arbeiten mit Hartschaumplatten ist sehr einfach. Nur ist es nicht immer ganz leicht, das Material im örtlichen Bastelgeschäft oder Baumarkt (beides sind ursprünglich Dämmstoffe, die aber aufgrund ihrer einfachen Bearbeitbarkeit auch im Modellbau eingesetzt werden) zu finden. Im Internet finden sich aber zahlreich Anbieter. Hartschaumplatten sind leicht schneid- und formbar. Auch lassen sich mit spitzem Bleistift Formen und Motive permanent einritzen.

Ähnlich wie Styropor müssen auch Hartschaumplatten mit einem entsprechenden Klebstoff verklebt werden. Es empfiehlt sich, pro Tischgruppe einen Kleber zu verwenden. Dies minimiert die Unkosten.

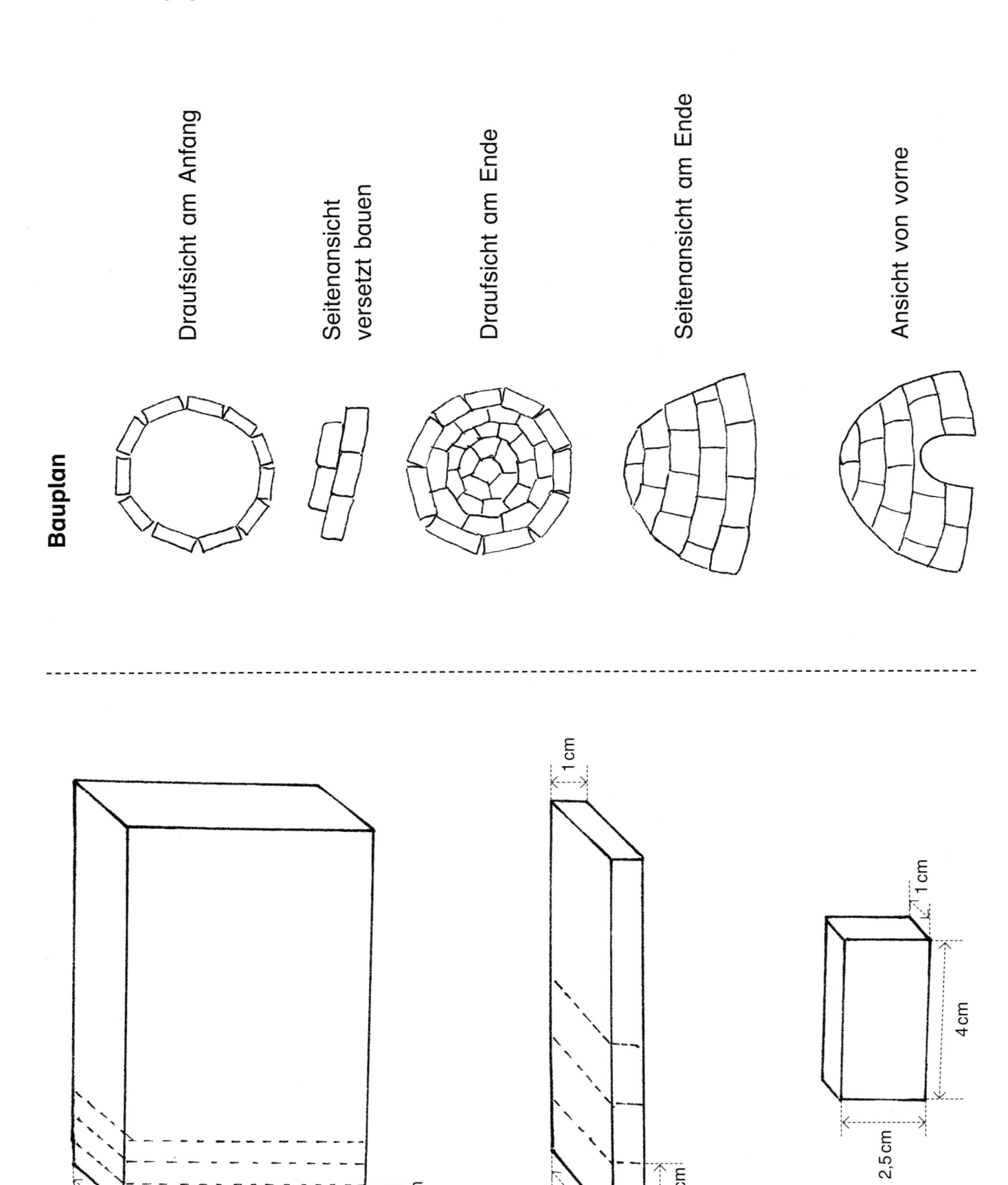

Bastelanleitung: Iglu-Bau

Bauplan

- Draufsicht am Anfang
- Seitenansicht versetzt bauen
- Draufsicht am Ende
- Seitenansicht am Ende
- Ansicht von vorne

4 cm | 1 cm

1 cm | 4 cm | 2,5 cm

1 cm | 4 cm | 2,5 cm

Jochen Schmidt: Jahreszeitliches Basteln und Gestalten – Winter
© Persen Verlag

Rentier

Du brauchst:

- Bastel- und Spielmais (20× grau oder braun, 2× weiß, 1× rosa, 1× rot)
- 2 selbstklebende Wackelaugen
- 2 kleine Zweige als Geweih
- Plastikmesser und Unterlage
- Schwamm
- Wasser
- Trockentuch

Vorbereitung:

Wenn Sie erstmalig mit Bastelmais arbeiten, sollten Sie die Schüler in die entsprechende Verarbeitung einweisen. Wichtig ist insbesondere der Hinweis, dass beim Verkleben der einzelnen Maispellets nur sehr wenig Wasser verwendet werden darf. Andernfalls lösen sich die Pellets fast vollständig auf und werden unbrauchbar.

Bastelanleitung:

- Lies dir die Bastelanleitung genau durch.
- Lege dir die Pellets für jeden Arbeitsschritt zurecht.
- Bastle zunächst 4 Beine aus je 2 grauen Pellets und einem halben weißen Pellet.
- Bastle anschließend aus 8 Pellets den Körper.
- Schneide für den Kopf 1 grauen Pellet schräg zu (Hals). Klebe darauf den Kopf samt Schnauze und Nase.
- Die Nase kannst du aus einem halben roten Pellet zusammen drücken und anschließend ankleben.
- Klebe anschließend das Rentier zusammen.
- Klebe die Wackelaugen an.
- Setze die Zweige als Hörner auf.

	Vorbereitung	Projekt
	10 Minuten	1–2 Stunden

Lernziele: Kreatives Gestalten (Aufspüren von Oberflächenbeschaffenheit (Bastelmais), Kennenlernen neuer Arbeitsmaterialien, Erlernen und Erproben einfacher Bastelverfahren, Erproben von Materialien und Materialverbindungen, Herstellen von figürlichen Objekten)

Hinweise: Das Arbeiten mit Bastelmais ist sehr einfach. Das Material wird beim Basteln immer beliebter und ist mittlerweile in den meisten gut sortierten Bastelläden erhältlich. Auch im Internet finden sich zahlreiche Anbieter. Bastelmais ist leicht mit den Fingern formbar. Er lässt sich mit handelsüblichen Plastikmessern schneiden. Eine Verarbeitung ist also für Kinder gut zu bewerkstelligen. Achten Sie dennoch bei der Verwendung der Plastikmesser auf sach- und ordnungsgemäßen Gebrauch.

Der Mais klebt, wenn er mit ein wenig Wasser befeuchtet wird, von selbst. Wichtig ist, dass nur sehr, sehr wenig Wasser beim Verkleben der einzelnen Elemente verwendet wird, da sich der Mais ansonsten auflöst und unbrauchbar wird. Daher empfiehlt es sich, ein Tuch oder einen kleinen Schwamm zu befeuchten und den Mais, an der vorgesehenen Klebestelle, einmal kurz anzutupfen. Danach kann er sofort durch leichtes Andrücken verklebt werden.

Bastelanleitung: Rentier

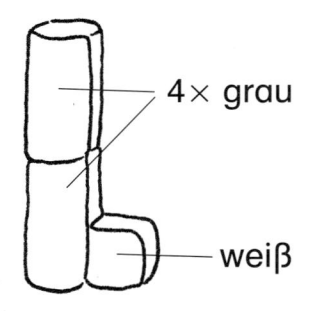

① Beine des Rentiers — 4× grau, weiß

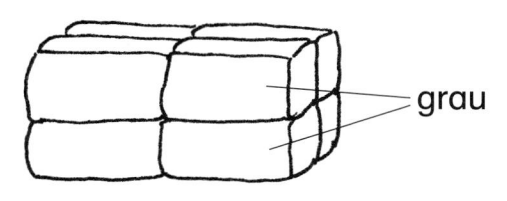

② Körper des Rentiers — grau

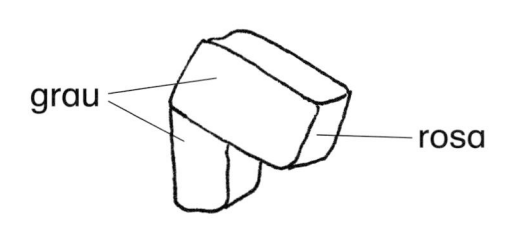

③ Kopf des Rentiers — grau, rosa

④ Rentier zusammengeklebt

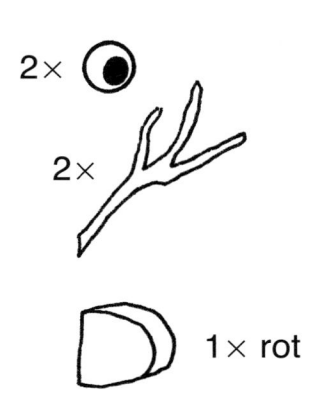

⑤ Augen, Geweih, Nase — 2×, 2×, 1× rot

⑥ Fertiges Rentier

Wichtelbeutel

Du brauchst:

- 1 Stück braunen Filz (etwa DIN A5)
- Filzreste in unterschiedlichen Farben
- Nadel und Faden
- ein Stück Kordel, etwa 20 cm
- Locher
- Klebstoff
- Schere

Bastelanleitung:

- Übertrage die Kopiervorlage auf den braunen Filz.
- Stanze mit dem Locher kleine Löcher, etwa 3 cm unterhalb der Oberkante, gemäß der Vorlage in den Filz.
- Fädle die Kordel durch die Löcher.
- Falte das Werkstück einmal längs.
- Vernähe die Seitenteile und den Boden (siehe Vorlage).
- Drehe den Beutel auf links damit die Nähte verdeckt werden.
- Schneide frei Hand weihnachtliche Motiven aus den Filzresten aus.
- Klebe sie auf den Beutel.
- Fertig ist dein Wichtelbeutel.
  Mit der Kordel kannst du ihn zuziehen.

	Vorbereitung	Projekt
L	10 Minuten	1–2 Stunden

Lernziele: Textiles Gestalten, Kreatives Gestalten (Erprobung und Anwendung verschiedener Arbeitstechniken, Kombination und Zusammenspiel unterschiedlicher Werkstoffe und Materialien, Anwendung von Farben und Farbkombinationen im eigenen Schaffens- und Gestaltungsprozess)

Hinweis: Erfahrungsgemäß ist es auch ratsam, für Projekte mit Nadel und Faden, ggf. auch Stoff oder Filz, eine kleine Materialkartei anzulegen, die man einzelnen Schülern dann im Bedarfsfall zur Verfügung stellen kann. Nicht immer denken alle Schüler an das Mitbringen der erforderlichen Arbeitsmaterialien. Gerade wenn das Bastelmaterial nicht zum Standardrepertoire gehört, was ohnehin meist im Kunstfach aufbewahrt wird, kann es sonst zu Engpässen und Verzögerungen mit dem Arbeitsbeginn kommen.

Wichteln ist altbekannt und nach wie vor in der Grundschule sehr beliebt. Hier gibt es die Möglichkeit, kleine Wichtelbeutel für diesen Event selbst herzustellen. Die Beutel sind klein, aber groß genug für eine kleine Aufmerksamkeit für einen Mitschüler.

Kopiervorlage und Bastelanleitung: Wichtelbeutel

Bastelanleitung

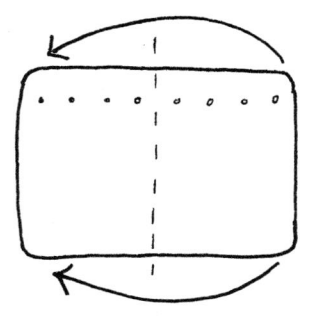

① Einmal längs falten

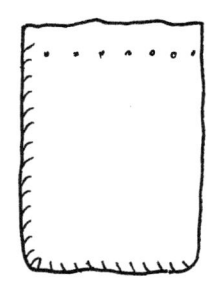

② Seitenteil und Boden vernähen

③ Beutel auf Links drehen und so die Naht verstecken

④ Mit Motiven verzieren

Kopiervorlage zum Übertragen

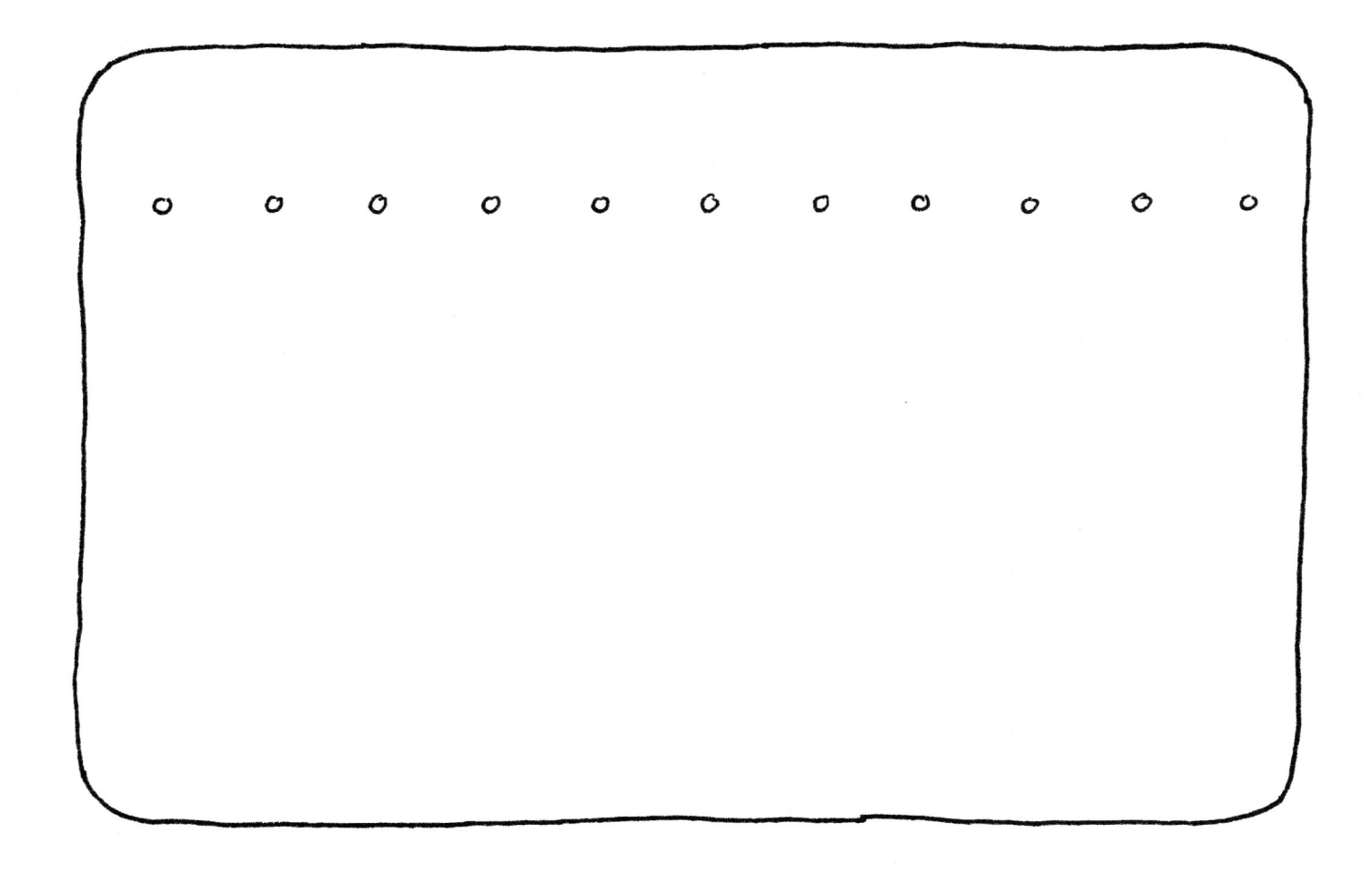

Mein eigener Stempel

Du brauchst:

- 1 Bogen Hartschaum, 2 mm stark (DIN A5)
- Schmierpapier
- Styroporklebstoff
- Prickelnadel
- Schneideunterlage
- Bleistift, Anspitzer
- Lineal
- Stempelkissen
- einige Holzwürfel (3×3 cm); alternativ: Korken

Bastelanleitung:

- Entscheide dich für 2–3 Motive, die dir am besten gefallen.
- Zeichne ein Gitternetz mit Bleistift und Lineal auf den Hartschaum.
- Es sollen Quadrate mit den Maßen 4×4 cm entstehen.
- Schneide die Quadrate aus. Nimm das Lineal zu Hilfe.
- Du benötigst pro Stempel zwei Quadrate.
  Ein Quadrat ist die Bodenplatte für deinen Stempel.
  Aus dem anderen Quadrat schneidest du das Motiv aus.
- Übertrage die Motive deiner Wahl mit Bleistift auf die Quadrate.
- Mit einem spitzen Bleistift kannst du das Motiv schon ein wenig einritzen.
  Dann ist das Schneiden oder Cuttern leichter.
- Schneide die jeweiligen Motive aus und klebe sie auf die Bodenplatte.
- Klebe nach dem Trocknen einen Holzwürfel oder Korken als Griff
  auf die Rückseite der Bodenplatte.
  Fertig ist dein Stempel! Probier ihn doch gleich einmal aus und gestalte
  damit z. B. Grußkarten oder die Tischdekoration.

	Vorbereitung	Projekt
	10 Minuten	1–2 Stunden

Lernziele: Grafisches Gestalten (Aufspüren von Oberflächenbeschaffenheit (Hartschaum), Kennenlernen neuer Arbeitsmaterialien, Erlernen und Erproben einfacher Druckverfahren (Stempeln, Materialdruck))

Hinweise: Das Arbeiten mit Hartschaum ist sehr einfach. Nur ist es nicht immer ganz leicht, das Material im örtlichen Bastelgeschäft oder Baumarkt zu finden (beides sind ursprünglich Dämmstoffe, die aber aufgrund ihrer einfachen Bearbeitbarkeit auch im Modellbau eingesetzt werden). Im Internet finden sich aber zahlreich Anbieter. Hartschaum ist leicht schneid- und formbar. Auch lassen sich mit spitzem Bleistift Formen und Motive permanent einritzen.

Ähnlich wie Styropor muss auch Hartschaum mit einem entsprechenden Klebstoff verklebt werden. Es empfiehlt sich, pro Tischgruppe einen Kleber zu verwenden. Dies minimiert die Unkosten. Anstelle der Holzwürfel können auch Styroporwürfel als Griff verwendet werden.

Alternativ können die Stempel auch kostengünstig aus Filz und Pappe gebaut werden.

Wichtig: Für die Lernschwächeren müssen die Quadrate entsprechend vorbereitet und zur Verfügung gestellt werden.

Falls sich die Arbeit mit dem Material als zu schwierig erweist, können die Lernschwächeren die Motive aus Moosgummi ausschneiden.

Mein eigener Stempel

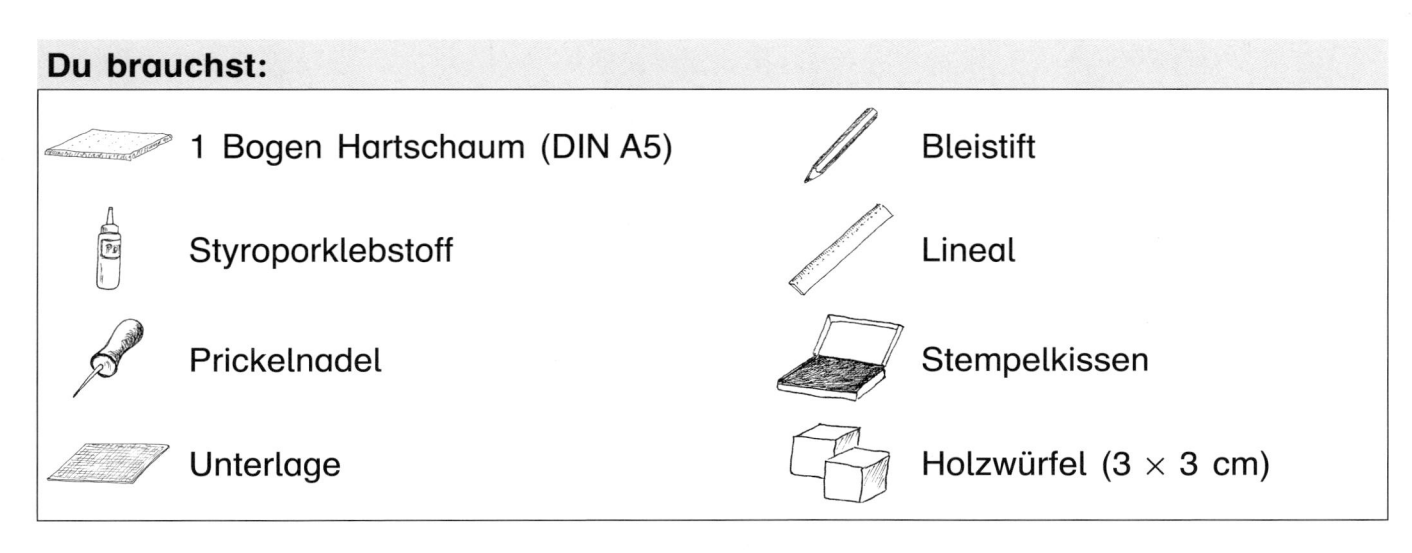

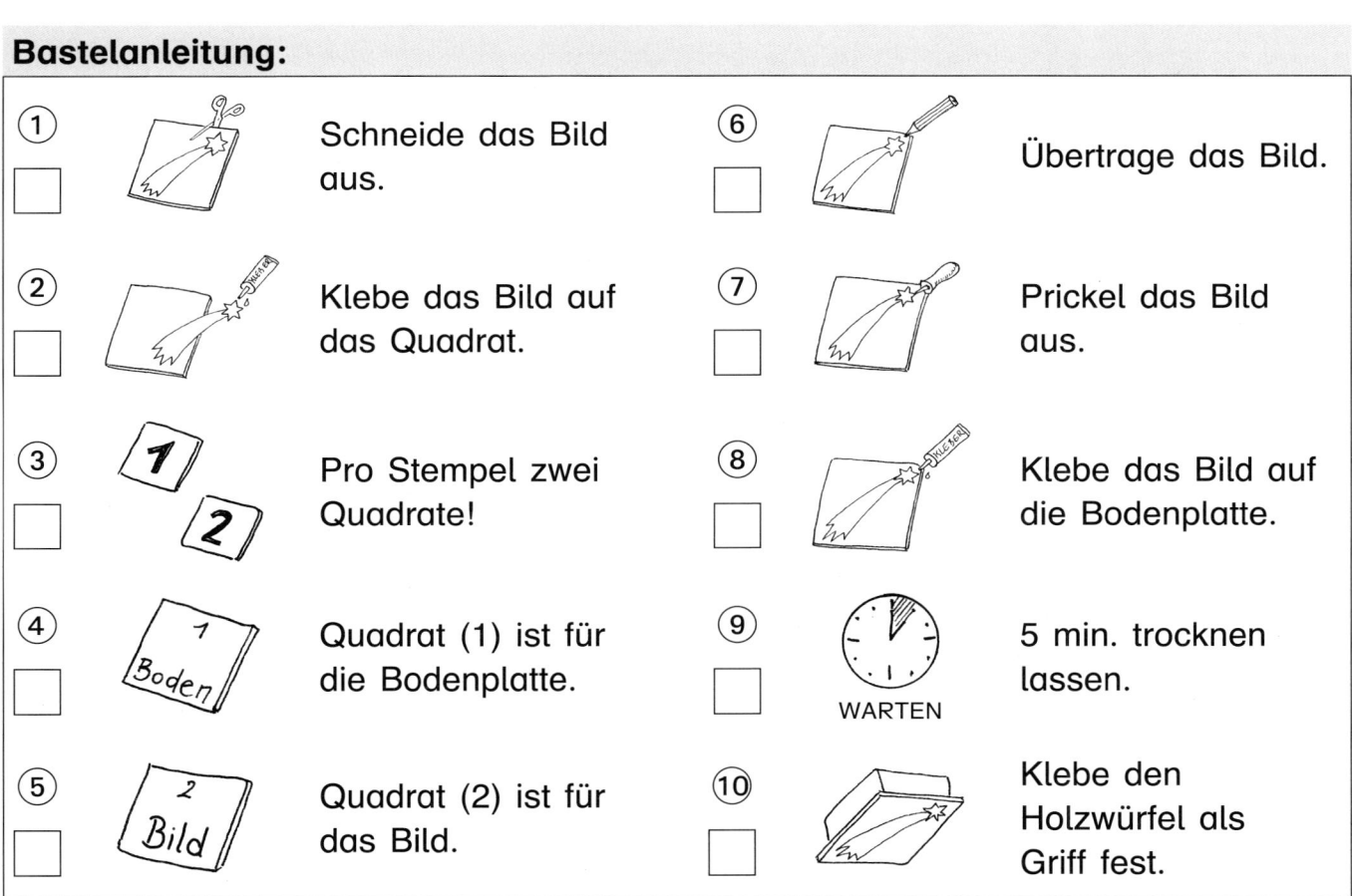

Du brauchst:

- 1 Bogen Hartschaum (DIN A5)
- Styroporklebstoff
- Prickelnadel
- Unterlage
- Bleistift
- Lineal
- Stempelkissen
- Holzwürfel (3 × 3 cm)

Bastelanleitung:

① Schneide das Bild aus.

② Klebe das Bild auf das Quadrat.

③ Pro Stempel zwei Quadrate!

④ Quadrat (1) ist für die Bodenplatte.

⑤ Quadrat (2) ist für das Bild.

⑥ Übertrage das Bild.

⑦ Prickel das Bild aus.

⑧ Klebe das Bild auf die Bodenplatte.

⑨ 5 min. trocknen lassen. WARTEN

⑩ Klebe den Holzwürfel als Griff fest.

⑪ **Nicht vergessen: Aufräumen!**

Fertig ist der erste Stempel.
Probier ihn doch gleich einmal aus!

Jochen Schmidt: Jahreszeitliches Basteln und Gestalten – Winter
© Persen Verlag

Kopiervorlage: „Mein eigener Stempel"

Das Haus vom Nikolaus

Du brauchst:

- 1 Blatt rotes Tonpapier (DIN A4)
- Bleistift oder schwarzen Fineliner
- Schere
- Prickelnadel und Unterlage
- Transparentpapier (z. B. weiß)
- Klebstoff

Bastelanleitung:

- Übertrage die Kopiervorlage auf das Tonpapier.
- Schneide die Häuser aus.
- Prickel die Häuser innen entlang der gestrichelten Linie.
- Schneide das Transparentpapier passend zurecht.
- Klebe das Transparentpapier hinter die Öffnungen.
- Achte darauf, dass der Kleber nicht verschmiert.
- Klebe das Nikolaushaus abschließend zusammen.
- Mit einem Teelicht kannst du es beleuchten.

L		**Vorbereitung**	**Projekt**
		10 Minuten	1 Stunde

Lernziele: Farbiges Gestalten, Kreatives Gestalten (Erprobung und Anwendung verschiedener Arbeitstechniken, Erfahrung des Zusammenspiels unterschiedlicher Materialien)

Hinweis: Bei Arbeit mit Kerzen und offenem Feuer ist stets besondere Vorsicht geboten. Der Einsatz des Teelichtes sollte nur unter sorgfältiger Aufsicht erfolgen.

Das Haus vom Nikolaus

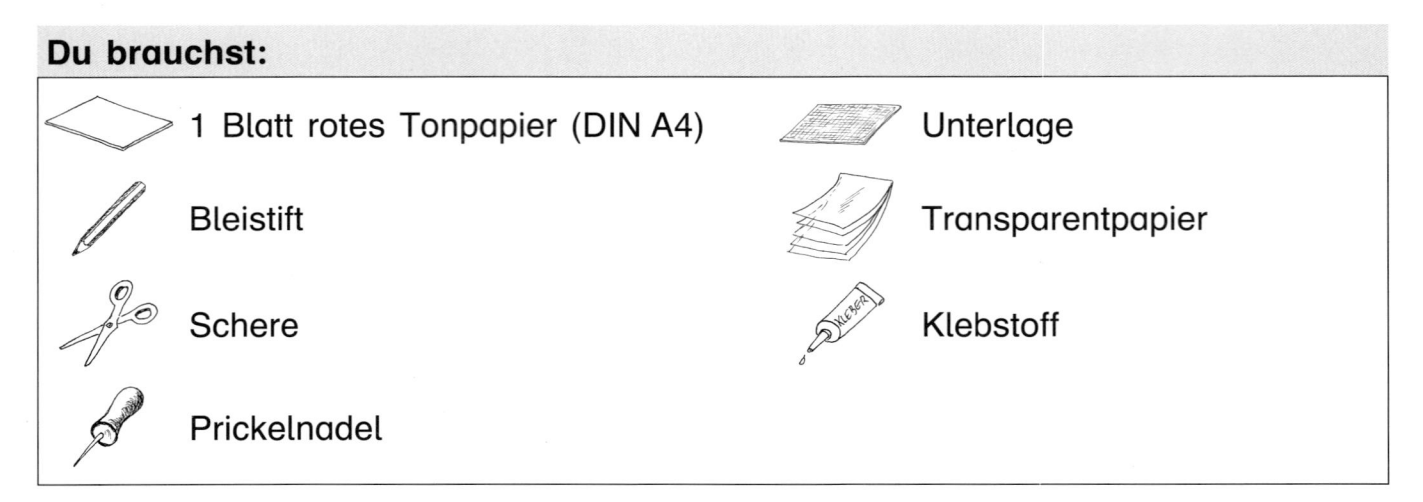

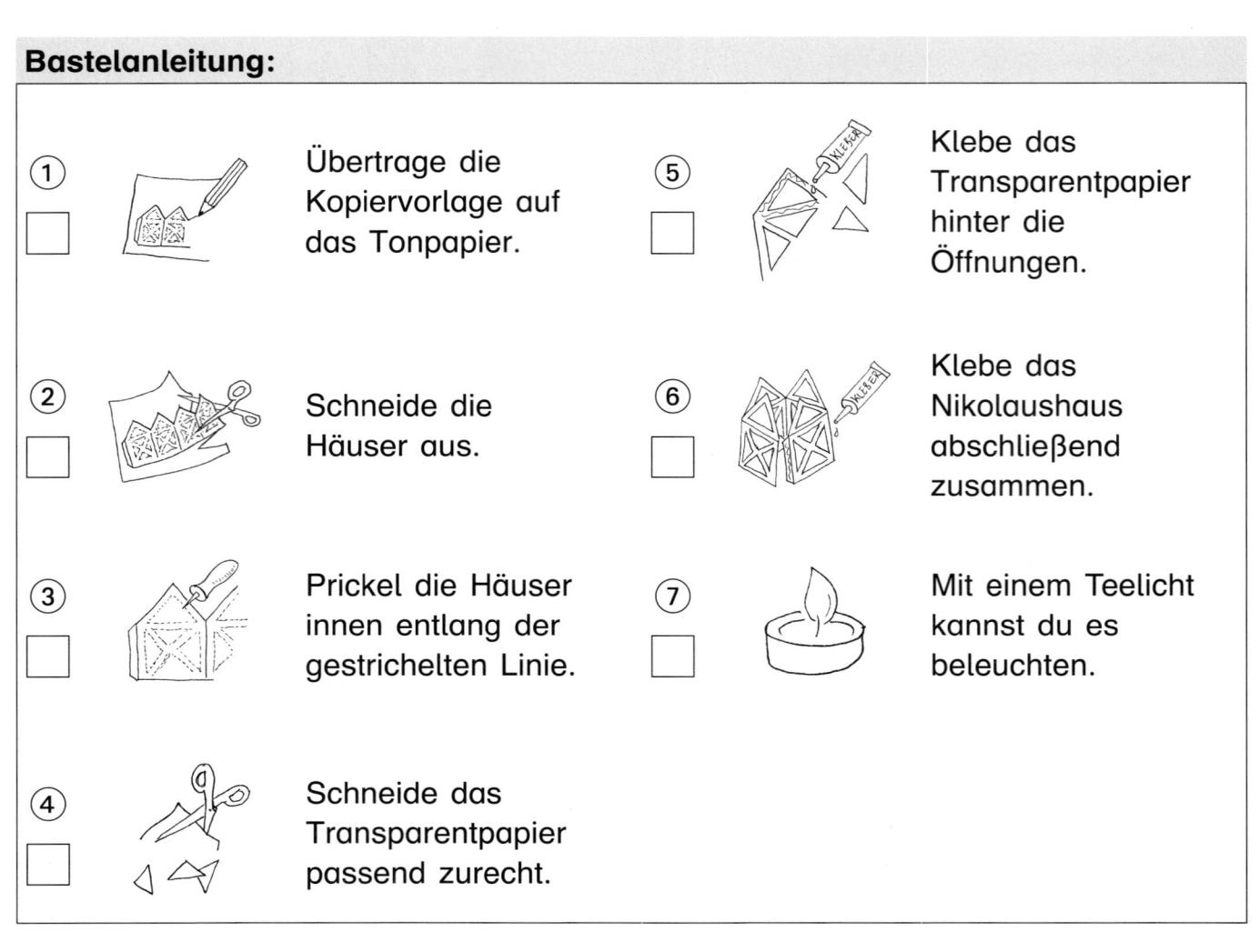

Du brauchst:

- 1 Blatt rotes Tonpapier (DIN A4)
- Bleistift
- Schere
- Prickelnadel
- Unterlage
- Transparentpapier
- Klebstoff

Bastelanleitung:

1. Übertrage die Kopiervorlage auf das Tonpapier.
2. Schneide die Häuser aus.
3. Prickel die Häuser innen entlang der gestrichelten Linie.
4. Schneide das Transparentpapier passend zurecht.
5. Klebe das Transparentpapier hinter die Öffnungen.
6. Klebe das Nikolaushaus abschließend zusammen.
7. Mit einem Teelicht kannst du es beleuchten.
8.

Nicht vergessen: Aufräumen!

Kopiervorlage: Das Haus vom Nikolaus

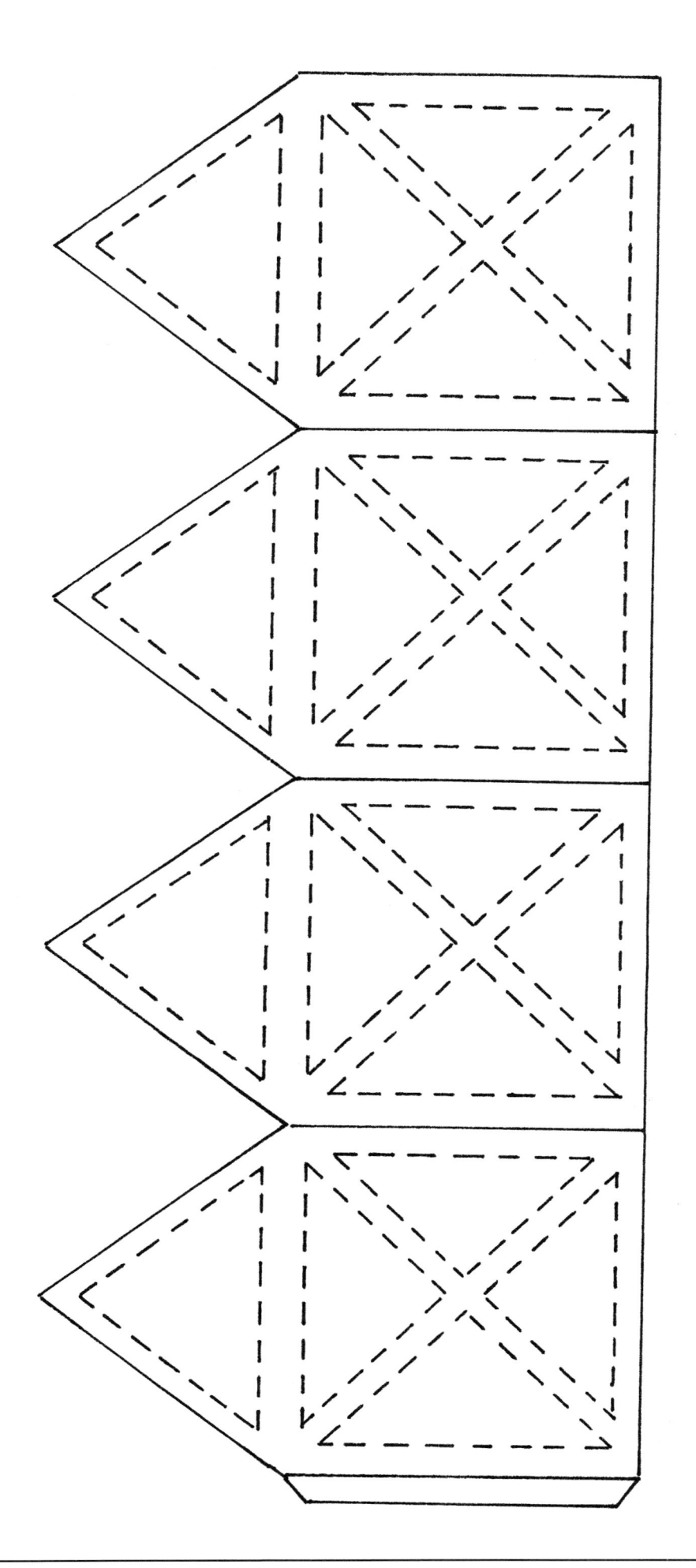

Jochen Schmidt: Jahreszeitliches Basteln und Gestalten – Winter
© Persen Verlag

Eismalerei

Du brauchst:

- Blatt Papier (Schmierpapier)
- 1 Bleistift
- 1 Silikonform (rund oder viereckig, etwa 2 cm hoch)
- 1 Eisfach
- Prickelnadel
- LED-Lampe, z. B. ein Vorder- oder Rücklicht vom Fahrrad
- Handtuch
- Fotoapparat

Vorbereitung:

- Fülle etwas Wasser in die Silikonform.
- Stelle die Form ins Eisfach.

Bastelanleitung:

- Überlege dir ein einfach zu zeichnendes Wintermotiv, z. B. einen Tannenbaum.
- Zeichne das Motiv mehrfach auf ein Blatt Papier.
- Übe, zügig zu zeichnen, und mache dich mit dem Motiv vertraut.
- Hole die Silikonform aus dem Eisfach.
- Ritze mit der Prickelnadel dein Motiv in das Eis (4–5 mm tief).
- Streife überschüssiges Eis ab.
- Nimm das Eis vorsichtig aus der Form.
- Lege das Eis auf das Handtuch.
- Strahle seitlich mit einer LED-Lampe auf die Eisfläche.
- Jetzt leuchtet dein Motiv auf.
- Mache ein Foto von deinem Werk, denn bald ist es geschmolzen.
- Lege dein Werk ins Waschbecken und lass es schmelzen.

Alternative:
Das Fotografieren des Kunstwerks benötigt günstige Lichtverhältnisse. Für den Fall, dass es schwierig wird, ein passendes Foto zu machen, kannst du einfach ein bis zwei Tropfen Wasserfarbe in dein Motiv tropfen lassen. Wische die Eisfläche zuvor gut ab und tropfe dann die Farbe in die Ränder deines Motivs. Die Farbe wird darin schnell verlaufen. Jetzt kannst du dein Motiv fotografisch festhalten.

	Vorbereitung	**Projekt**
	1 Stunde	1 Stunde

Lernziele: Kreatives Gestalten (Erprobung und Anwendung verschiedener Arbeitstechniken, Erfahrung des Zusammenspiels unterschiedlicher Materialien: Licht und Eis)

Hinweis: Dieses Projekt erfordert sehr kalte Temperaturen außerhalb, sodass die Silikonformen z. B. über Nacht draußen abgestellt werden können. Wenn Sie über eine Schulküche mit entsprechend großem Eisfach verfügen, können Sie sich so behelfen. Das Projekt ist den zusätzlichen Aufwand wert. Den Schülern macht das Eisschnitzen sehr viel Freude und der Lichteffekt ist verblüffend. Denn erst durch das seitliche Anstrahlen kommt das eigentliche Kunstwerk erst zur Geltung.

Aufgrund des verwendeten Materials ist zügiges Arbeiten unbedingt erforderlich. Die Handtücher verhindern größeres Chaos.

Für die lernschwächeren Schüler werden Vorlagen für weitere Wintermotive angeboten.

Eismalerei

Du brauchst:

- Schmierpapier
- Bleistift
- Silikonform
- Prickelnadel
- LED-Lampe
- Handtuch

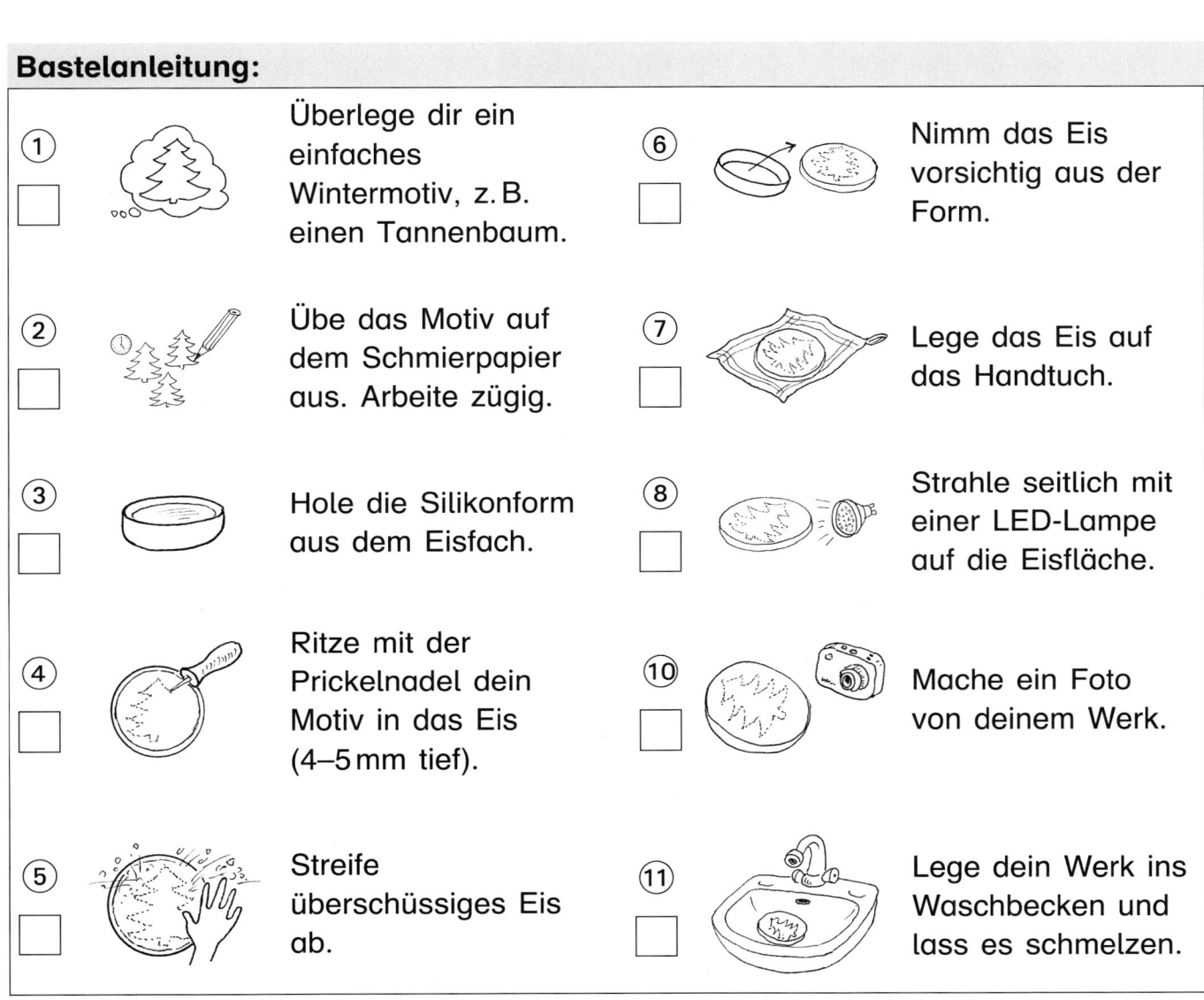

Bastelanleitung:

① Überlege dir ein einfaches Wintermotiv, z. B. einen Tannenbaum.

② Übe das Motiv auf dem Schmierpapier aus. Arbeite zügig.

③ Hole die Silikonform aus dem Eisfach.

④ Ritze mit der Prickelnadel dein Motiv in das Eis (4–5 mm tief).

⑤ Streife überschüssiges Eis ab.

⑥ Nimm das Eis vorsichtig aus der Form.

⑦ Lege das Eis auf das Handtuch.

⑧ Strahle seitlich mit einer LED-Lampe auf die Eisfläche.

⑩ Mache ein Foto von deinem Werk.

⑪ Lege dein Werk ins Waschbecken und lass es schmelzen.

⑫ **Aufräumen nicht vergessen!**

Bastelanleitung: Eismalerei

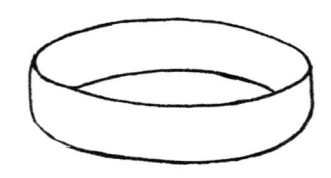

Silikon(back)form
+ Wasser
+ Tiefkühltruhe

Vorzeichnen des ausgewählten Motivs auf einem Schmierblatt.

Einritzen des Motivs.
Zügig arbeiten.

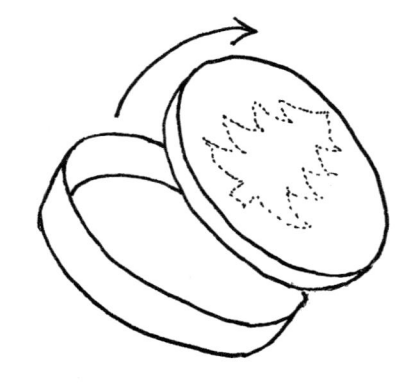

Bild aus der Form lösen.

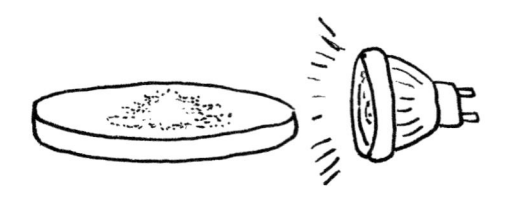

Seitlich mit einer LED-Lampe, z. B. Fahrradrücklicht, anstrahlen.

Jetzt bricht sich das Licht im Motiv. Davon kann ein Foto gemacht werden.

Ideen für Wintermotive: Eismalerei

Winterliches Namensschild

Du brauchst:

- 1 Blatt weißes Tonpapier (DIN A4)
- schwarzen Filzstift (dick)
- farbige Stifte Deiner Wahl
- Cutter/Prickelnadel
- Cutter-/Prickelunterlage

Bastelanleitung:

- Übertrage die Kopiervorlage auf das weiße Tonpapier.
- Cutter oder prickel das Räumfahrzeug oder den Schneemann entlang der gestrichelten Linie aus.
- Falte das Tonpapier entlang der Mittellinie.
- Zeichne mit dem schwarzen Filzstift den oberen Teil des Fahrzeuges oder des Schneemanns nach.
- Male das Namensschild farbig aus.
- Schreibe deinen Namen auf dein winterliches Namensschild.

	Vorbereitung	**Projekt**
	10 Minuten	1 Stunde

Lernziele: Kreatives Gestalten (Einführende Erprobung und Anwendung verschiedener Arbeitstechniken, Kombination und Zusammenspiel unterschiedlicher Werkstoffe und Materialien, Anwendung von Farben und Farbkombinationen im eigenen Schaffens- und Gestaltungsprozess)

Winterliches Namensschild

Du brauchst:

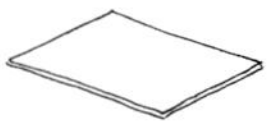

- 1 Blatt weißes Tonpapier (DIN A4)
- schwarzen Filzstift 
- farbige Stifte deiner Wahl 
- Prickelnadel 
- Unterlage 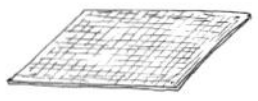

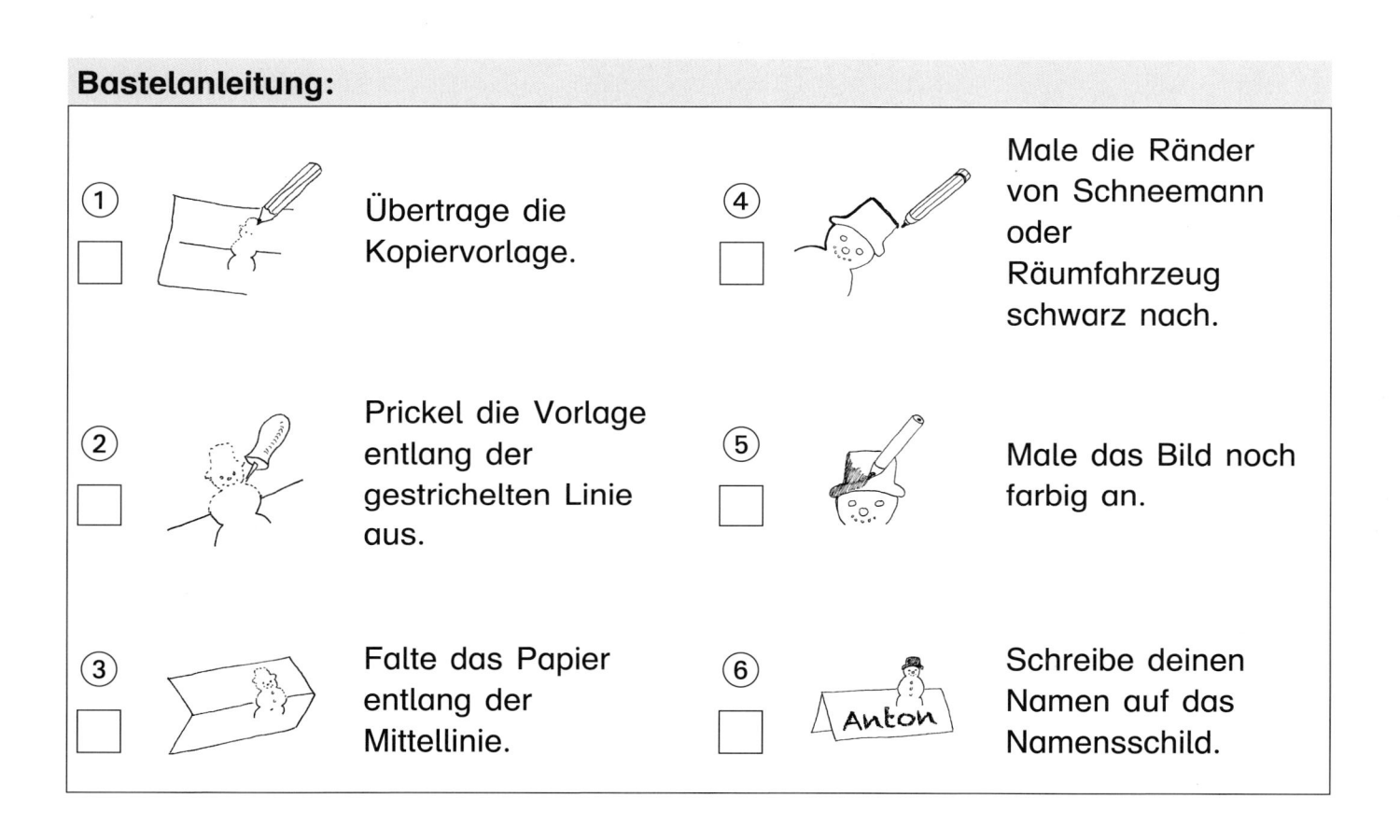

Bastelanleitung:

① ☐ Übertrage die Kopiervorlage.

② ☐ Prickel die Vorlage entlang der gestrichelten Linie aus.

③ ☐ Falte das Papier entlang der Mittellinie.

④ ☐ Male die Ränder von Schneemann oder Räumfahrzeug schwarz nach.

⑤ ☐ Male das Bild noch farbig an.

⑥ ☐ Schreibe deinen Namen auf das Namensschild.

⑥ ☐ **Nicht vergessen: Aufräumen!**

Kopiervorlage: Winterliches Namensschild

68

Jochen Schmidt: Jahreszeitliches Basteln und Gestalten – Winter
© Persen Verlag

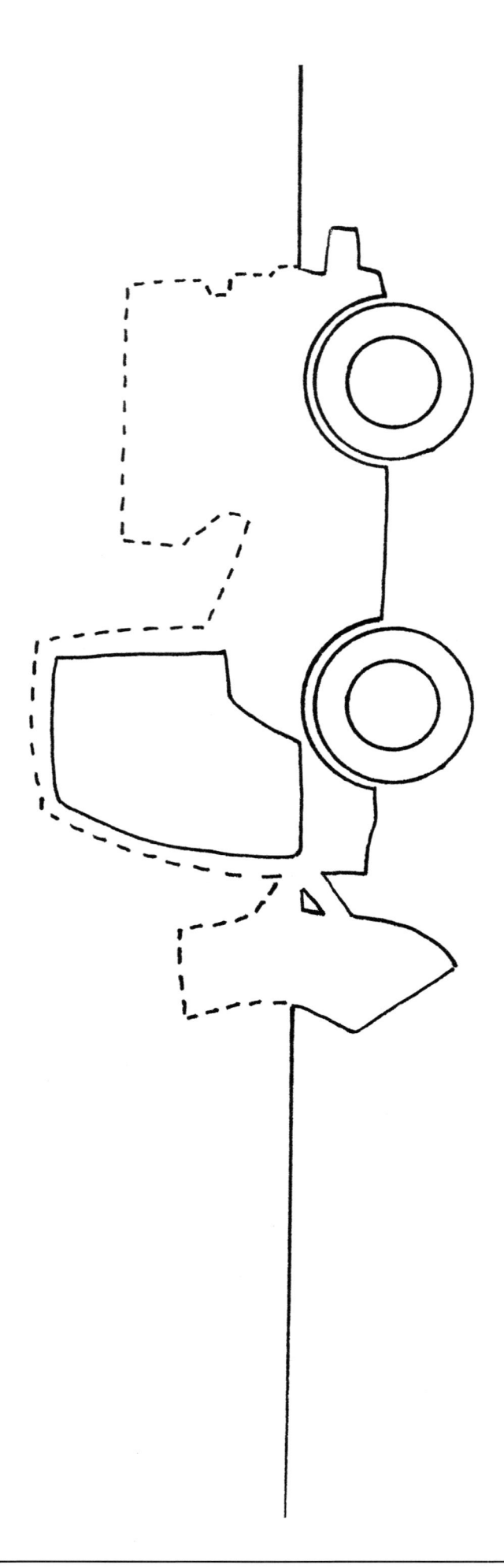

Kopiervorlage: Winterliches Namensschild (Alternative)

Silvesternacht

Du brauchst:

- 1 Blatt schwarzes Tonpapier (DIN A4)
- 1 Blatt weißes Tonpapier (DIN A5
- Silberstift
- Prickelnadel und Unterlage
- Wachsmalstifte
- Wachsmalkratzer

Bastelanleitung:

- Übertrage die Kopiervorlage (A) auf das Tonpapier.
- Falte die Karte zu einer Doppelkarte.
- Prickel das Sichtfenster in der Karte aus.
- Zeichne die Kontur der Stadt mit dem Silberstift nach.
- Male das weiße Tonpapier bunt mit Wachsmalstiften an.
- Übermale die farbige Fläche mit schwarzem Wachsmalstift.
- Klebe diese Fläche hinter die Öffnung der Karte.
- Ritze mit dem Wachsmalkratzer ein Silvesterfeuerwerk in den Himmel. Die Vorlage (B) gibt dir Hilfestellung.
- Schreibe abschließend deine Neujahrsgrüße in die Karte.

	Vorbereitung	**Projekt**
	10 Minuten	1 Stunde

Lernziele: Kreatives Gestalten (Erprobung und Anwendung verschiedener Arbeitstechniken, Kombination und Zusammenspiel unterschiedlicher Werkstoffe und Materialien, Anwendung von Farben und Farbkombinationen im eigenen Schaffens- und Gestaltungsprozess)

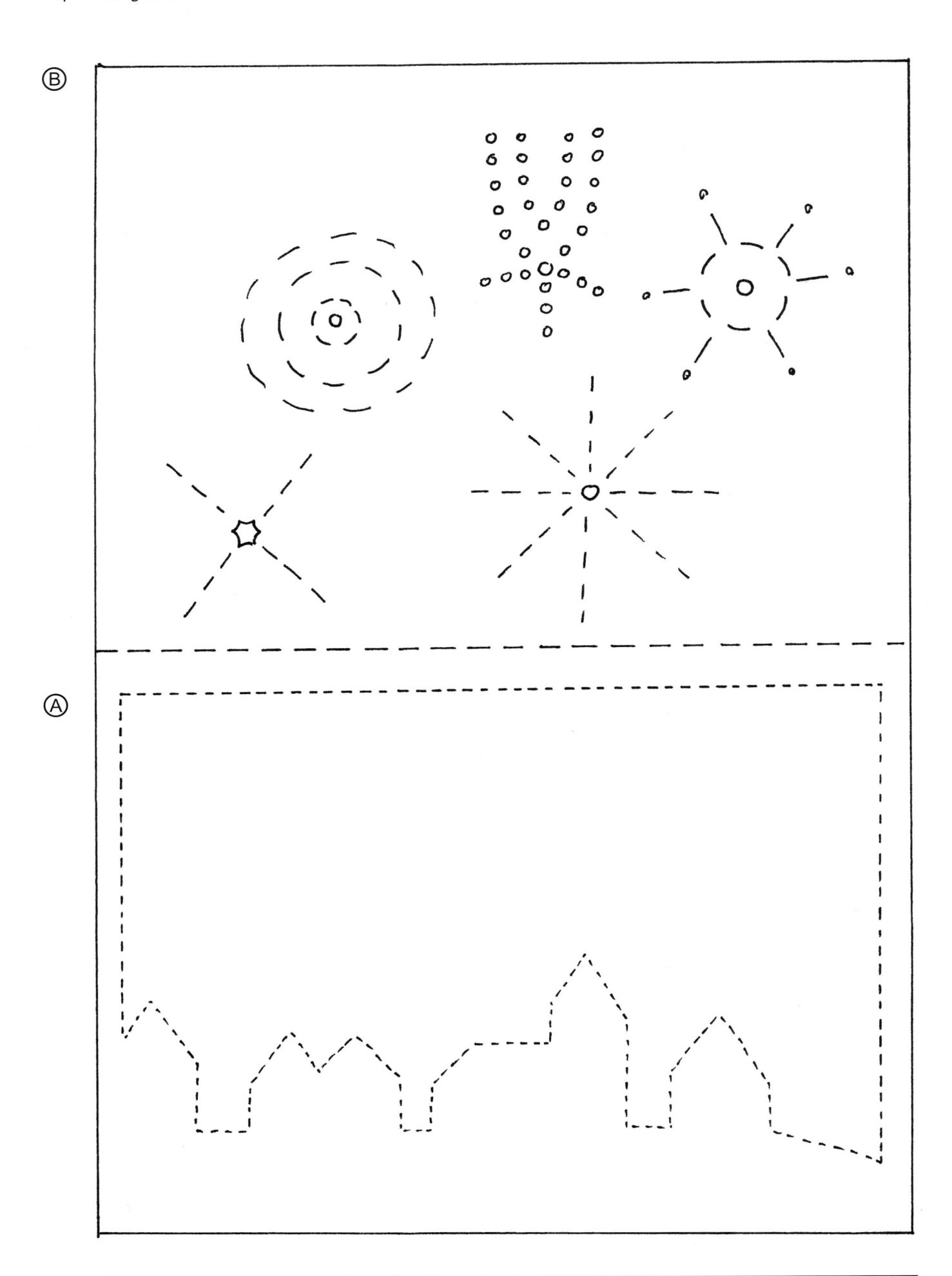

Kopiervorlage: Silvesternacht

Jochen Schmidt: Jahreszeitliches Basteln und Gestalten – Winter
© Persen Verlag

Winterliche Urlaubsgrüße

Du brauchst:

- 1 Blatt Tonpapier (DIN A4)
- Prickelnadel und Unterlage
- Deckweiß
- Pinsel
- ein Urlaubsfoto in der Größe der Öffnung in der Karte

Bastelanleitung:

- Übertrage die Kopiervorlage auf das Tonpapier.
- Falte die Karte zu einer Doppelkarte.
- Prickel das Sichtfenster in der Karte aus.
- Zeichne die Kontur des Schnees und der Eiszapfen mit dem Deckweiß nach.
- Klebe dein Urlaubsfoto hinter die Öffnung.
- Fertig ist deine Urlaubskarte.
- Jetzt kannst du noch einen entsprechenden Urlaubsgruß auf die Innenseite der Karte schreiben. Viel Spaß!

	Vorbereitung	**Projekt**
L	10 Minuten	1 Stunde

Lernziele: Kreatives Gestalten (Erprobung und Anwendung verschiedener Arbeitstechniken, Kombination und Zusammenspiel unterschiedlicher Werkstoffe und Materialien, Anwendung von Farben und Farbkombinationen im eigenen Schaffens- und Gestaltungsprozess)

Kopiervorlage: Winterliche Urlaubsgrüße

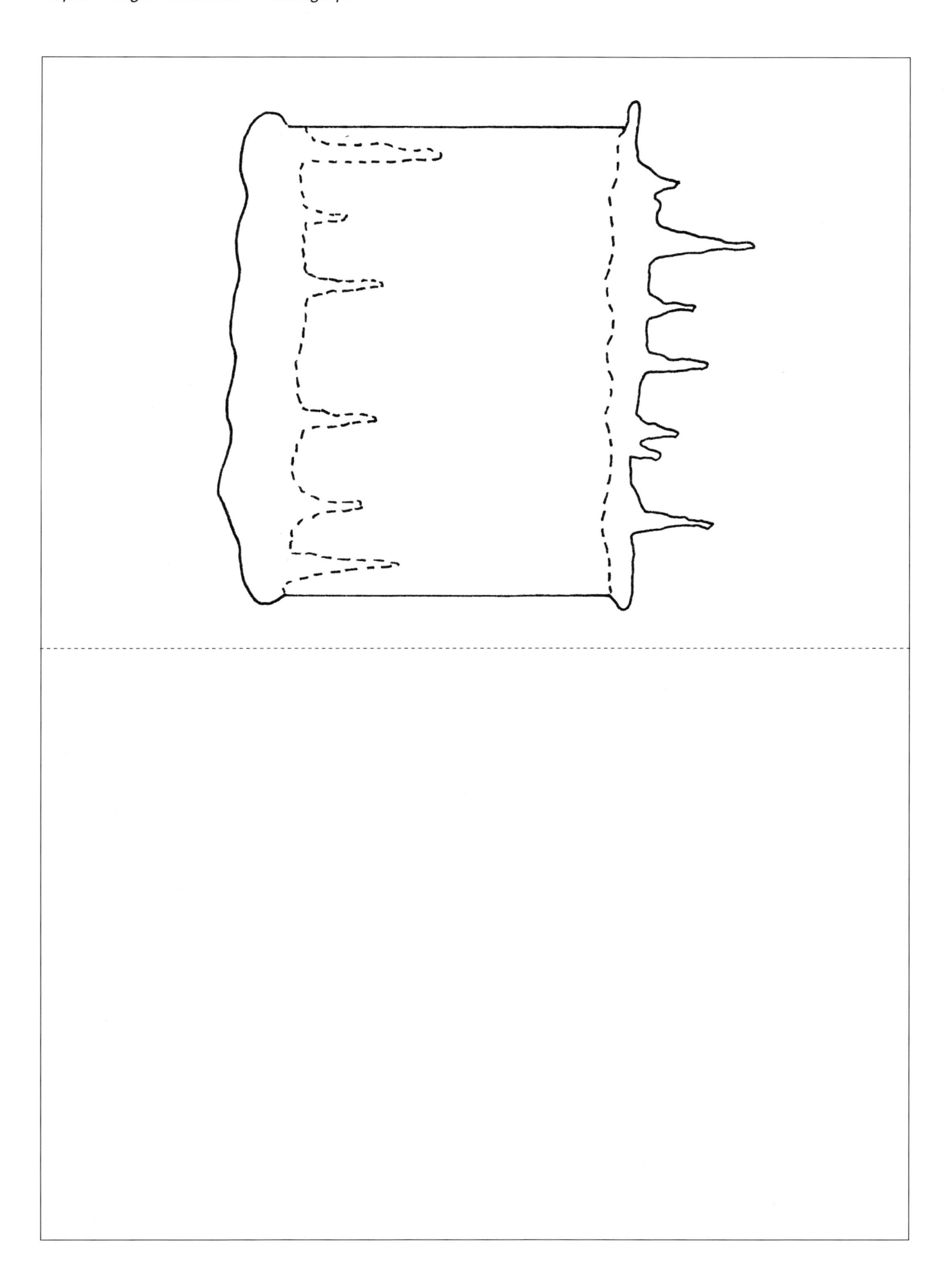

Nikolausgruß

Du brauchst:

- 1 Blatt Tonpapier (DIN A4)
- Filz (rot, weiß, braun)
- Schere
- Klebstoff
- Nadel
- Faden
- Silber- oder Goldstift

Bastelanleitung:

- Übertrage die Kopiervorlage auf das Tonpapier.
- Falte die Karte zu einer Doppelkarte.
- Schneide roten, braunen und weißen Filz für den Stiefel entsprechend der Vorlage zurecht.
- Klebe die Teile des Stiefels entsprechend auf die Karte.
- Nähe nun die Ränder der einzelnen Teile mit Kreuzstich nach.
- Schreibe einen Gruß zum Nikolaus auf die Innenseite der Karte. Fertig ist deine Nikolauskarte!

	Vorbereitung 10 Minuten	**Projekt** 2–3 Stunden

Lernziele: Textiles Gestalten, Kreatives Gestalten (Erprobung und Anwendung verschiedener Arbeitstechniken, Kombination und Zusammenspiel unterschiedlicher Werkstoffe und Materialien, Anwendung von Farben und Farbkombinationen im eigenen Schaffens- und Gestaltungsprozess)

Hinweis: Erfahrungsgemäß ist es auch ratsam, für Projekte mit Nadel und Faden, ggf. auch Stoff oder Filz, eine kleine Materialkartei anzulegen, die man einzelnen Schülern dann im Bedarfsfall zur Verfügung stellen kann. Nicht immer denken alle Schüler an das Mitbringen der erforderlichen Arbeitsmaterialien. Gerade wenn das Bastelmaterial nicht zum Standardrepertoire gehört, was ohnehin meist im Kunstfach aufbewahrt wird, kann es sonst zu Engpässen und Verzögerungen mit dem Arbeitsbeginn kommen.

Auf die Innenseite der Karte passt ein entsprechender Nikolausgruß. Diesen können die Schüler individuell gestalten oder Sie geben, je nach Klassenstufe, entsprechend Hilfestellung durch Vorlagen.

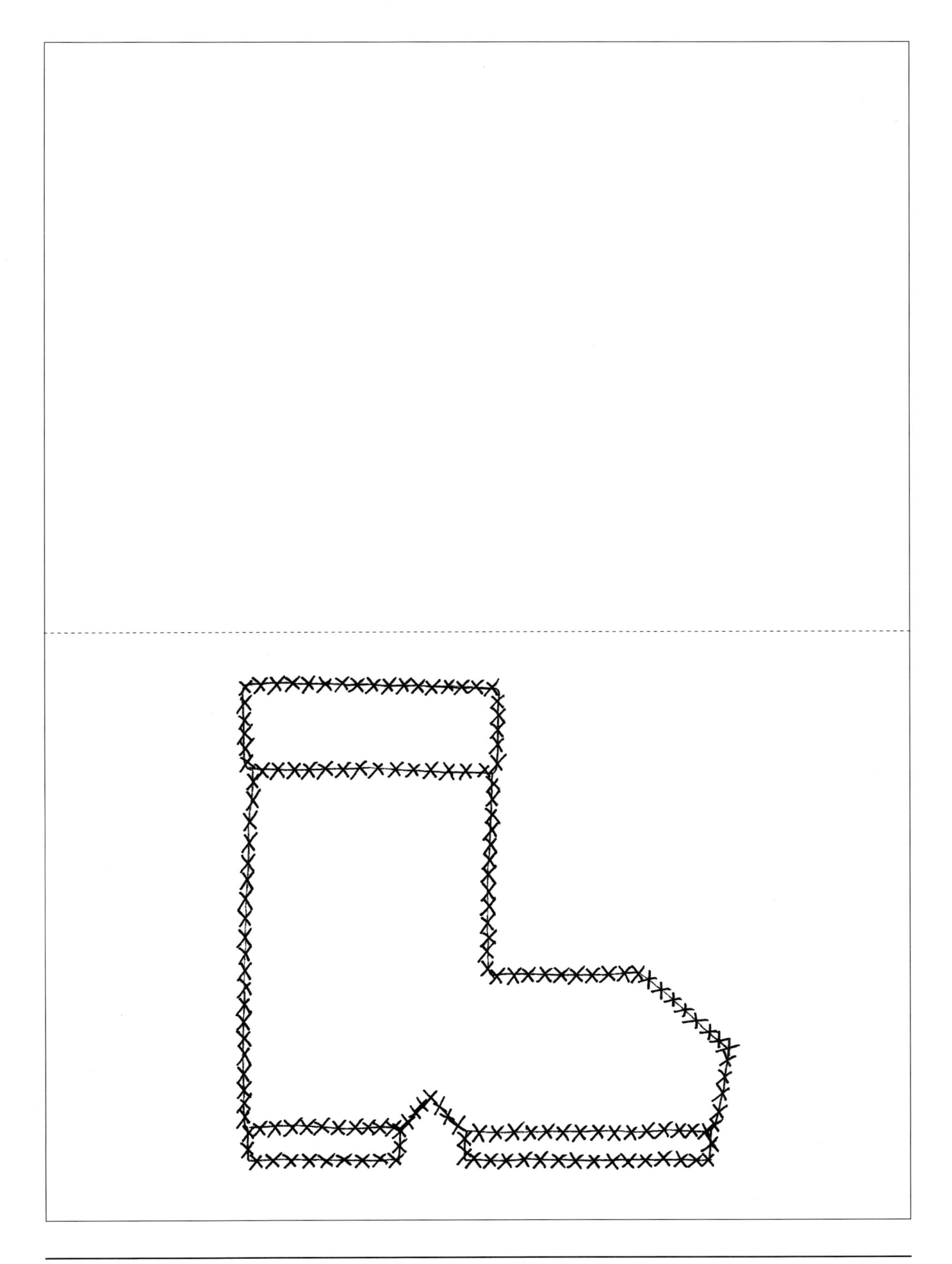

Kopiervorlage: Nikolausgruß

Weihnachtsbaumschmuck

Du brauchst:

- 1 Blatt Tonpapier (DIN A4)
- Reste farbiges Tonpapier
- Bleistift oder schwarzen Fineliner
- Prickelnadel und Unterlage
- Gold- und Silberfaden
- Klebestreifen

Bastelanleitung:

- Übertrage die Kopiervorlage auf das Tonpapier.
- Prickel einzelne Löcher in die Karte, durch die du einzelne Gold- oder Silberfäden als Lametta spannen kannst. Lass die Fäden locker hängen.
- Klebe sie auf der Rückseite mit Klebestreifen fest.
- Schneide aus dem Tonpapier passenden Weihnachtsbaumschmuck (Kugeln, Sterne, Anhänger) aus.
- Klebe den Weihnachtsbaumschmuck auf deinen Baum.
- Achte darauf, dass der Kleber nicht verschmiert.
- Falte die Karte zu einer Doppelkarte.
- Schreibe abschließend einen Weihnachtsgruß in die Karte.

	Vorbereitung	Projekt
L	10 Minuten	1–2 Stunden

Lernziele: Farbiges Gestalten, kreatives Gestalten (Erprobung und Anwendung verschiedener Arbeitstechniken, Erfahrung des Zusammenspiels unterschiedlicher Materialien)

Hinweis: Alternativ kann die Karte natürlich auch einfach mit dem Farbkasten oder Buntstiften farbig ausgestaltet werden. Das erleichtert die Arbeit und reduziert den Schwierigkeitsgrad. Sie können es den Schülern auch freistellen, auch welche Art und Weise die Karte bearbeitet wird.

Kopiervorlage: Weihnachtsbaumschmuck (Karte)

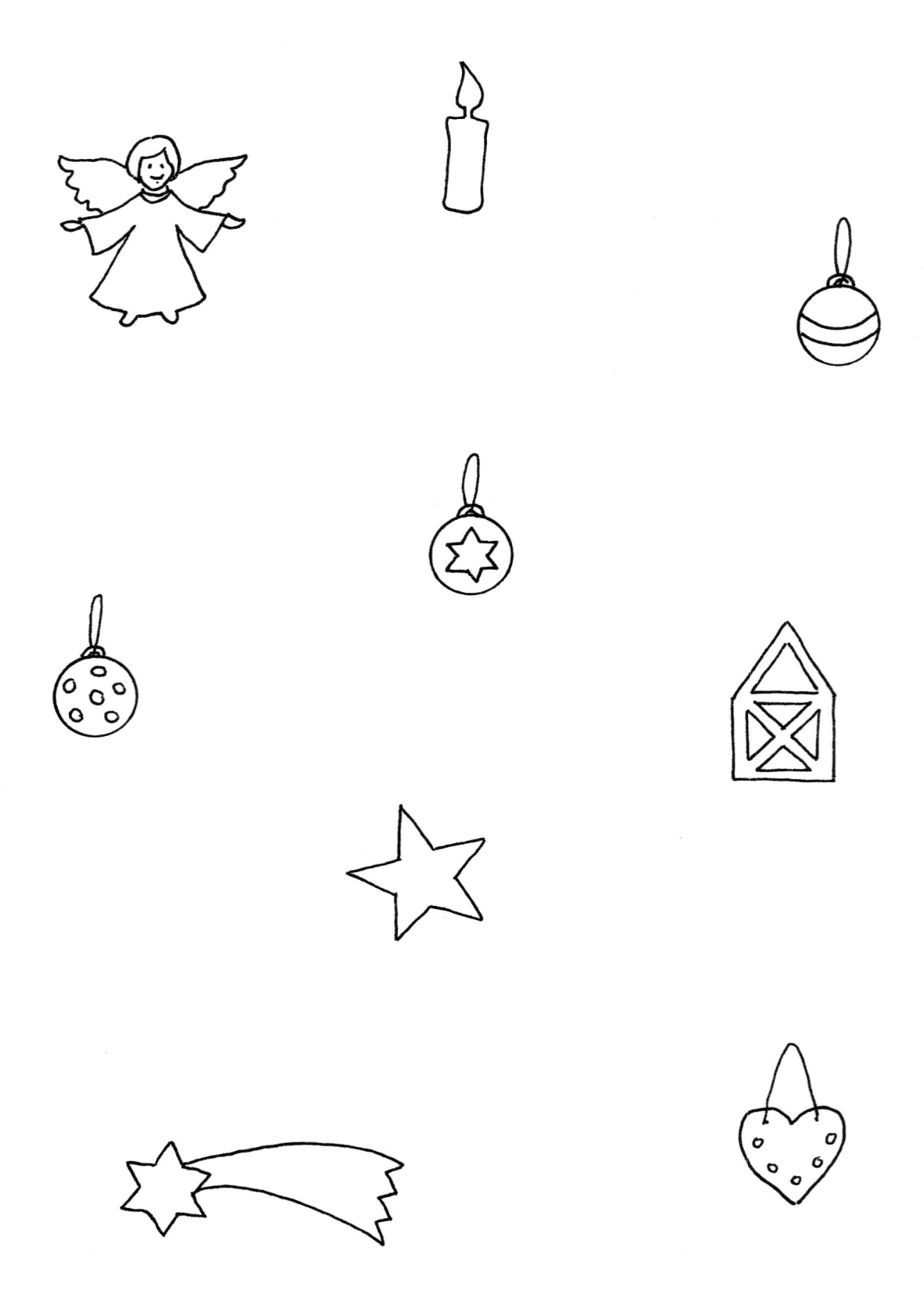

Kopiervorlage: Weihnachtsbaumschmuck (Schmuckvorlagen)

78 Jochen Schmidt: Jahreszeitliches Basteln und Gestalten – Winter
© Persen Verlag

Knusprige Adventsgrüße

Du brauchst:

- 1 Blatt weißes oder beiges Tonpapier (DIN A4)
- Transparentpapier
- Schere
- Klebstoff
- brauner Buntstift
- Prickelnadel und Unterlage
- einen Spekulatiuskeks
- Gold- oder Silberstift

Bastelanleitung:

- Übertrage die Kopiervorlage auf das Tonpapier.
- Falte die Karte zu einer Doppelkarte.
- Prickel das Sichtfenster in der Karte aus.
- Schneide ein entsprechend großes Stück Transparentpapier zu.
- Lege den Spekulatiuskeks unter das Transparentpapier und riffel mit dem Buntstift die Struktur auf das Papier.
- Klebe das Transparentpapier hinter die Öffnung.
- Male die Krümel auf der Karte braun aus.
- Schreibe abschließend deine Grüße auf die Innenseite der Karte.
- Den Keks kannst du jetzt aufessen.

	Vorbereitung	Projekt
L	10 Minuten	1–2 Stunden

Lernziele: Kreatives Gestalten (Erprobung und Anwendung verschiedener Arbeitstechniken, Kombination und Zusammenspiel unterschiedlicher Werkstoffe und Materialien, Anwendung von Farben und Farbkombinationen im eigenen Schaffens- und Gestaltungsprozess)

Hinweis: Auf die Innenseite der Karte passt ein entsprechender Adventsgruß. Diesen können die Schüler individuell gestalten oder Sie geben, je nach Klassenstufe, entsprechend Hilfestellung durch Vorlagen.

Knusprige Adventsgrüße

Du brauchst:

- 1 Blatt weißes oder beiges Tonpapier (DIN A4)
- Transparentpapier
- Buntstift, braun
- Schere
- Klebstoff
- Prickelnadel + Unterlage
- Spekulatiuskeks
- Silber- oder Goldstift

Bastelanleitung:

1. Übertrage die Kopiervorlage auf das Tonpapier.
2. Falte die Karte zu einer Doppelkarte.
3. Prickel das Sichtfenster in der Karte aus.
4. Schneide ein entsprechend großes Stück Transparentpapier zu.
5. Riffel mit dem Buntstift die Struktur des Kekses auf das Papier.
6. Klebe das Transparentpapier hinter die Öffnung.
7. Male die Krümel auf der Karte braun aus.
8. Schreibe abschließend deine Grüße auf die Innenseite der Karte.
9. **Nicht vergessen: Aufräumen!**

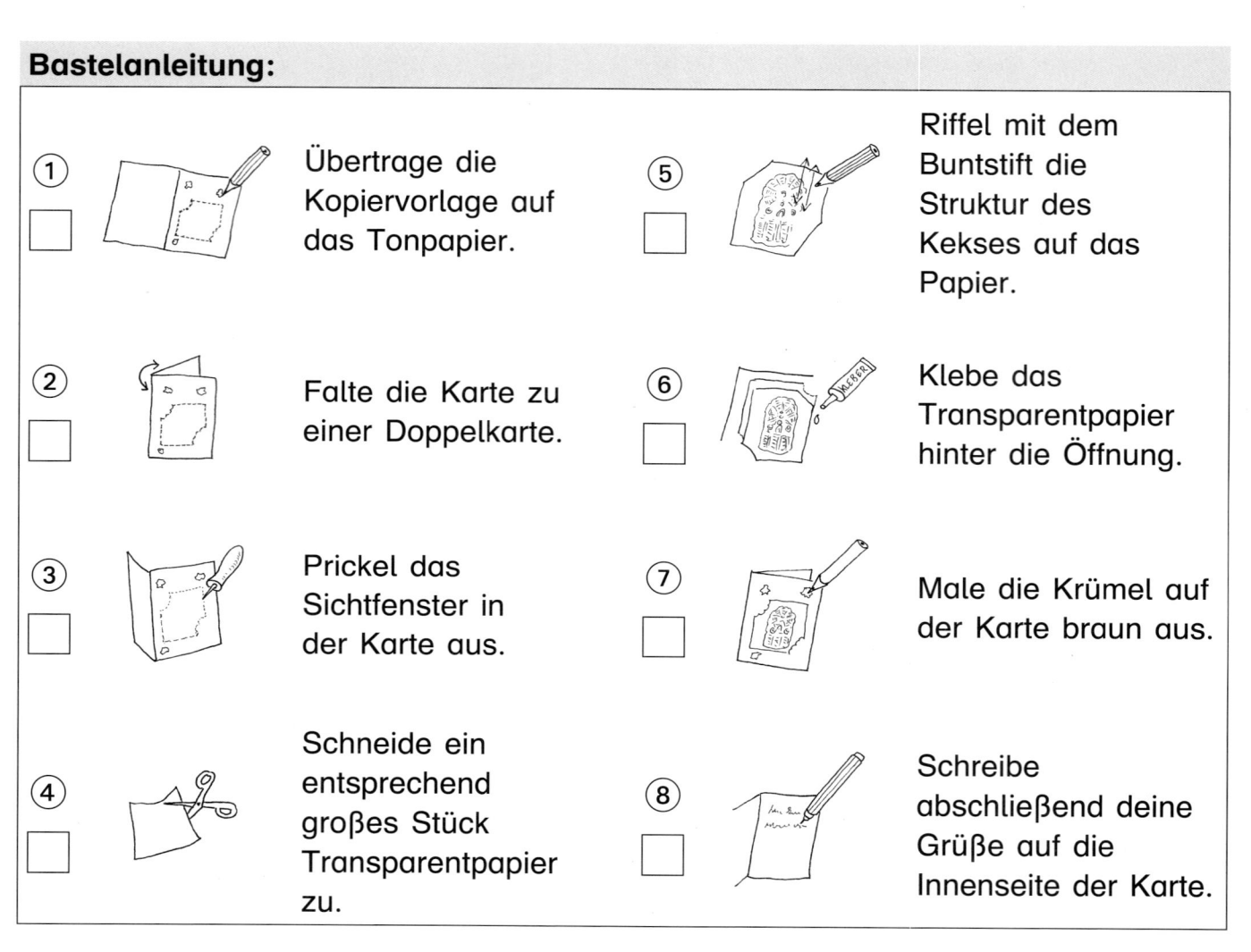

Kopiervorlage: Knusprige Adventsgrüße

Jochen Schmidt: Jahreszeitliches Basteln und Gestalten – Winter
© Persen Verlag

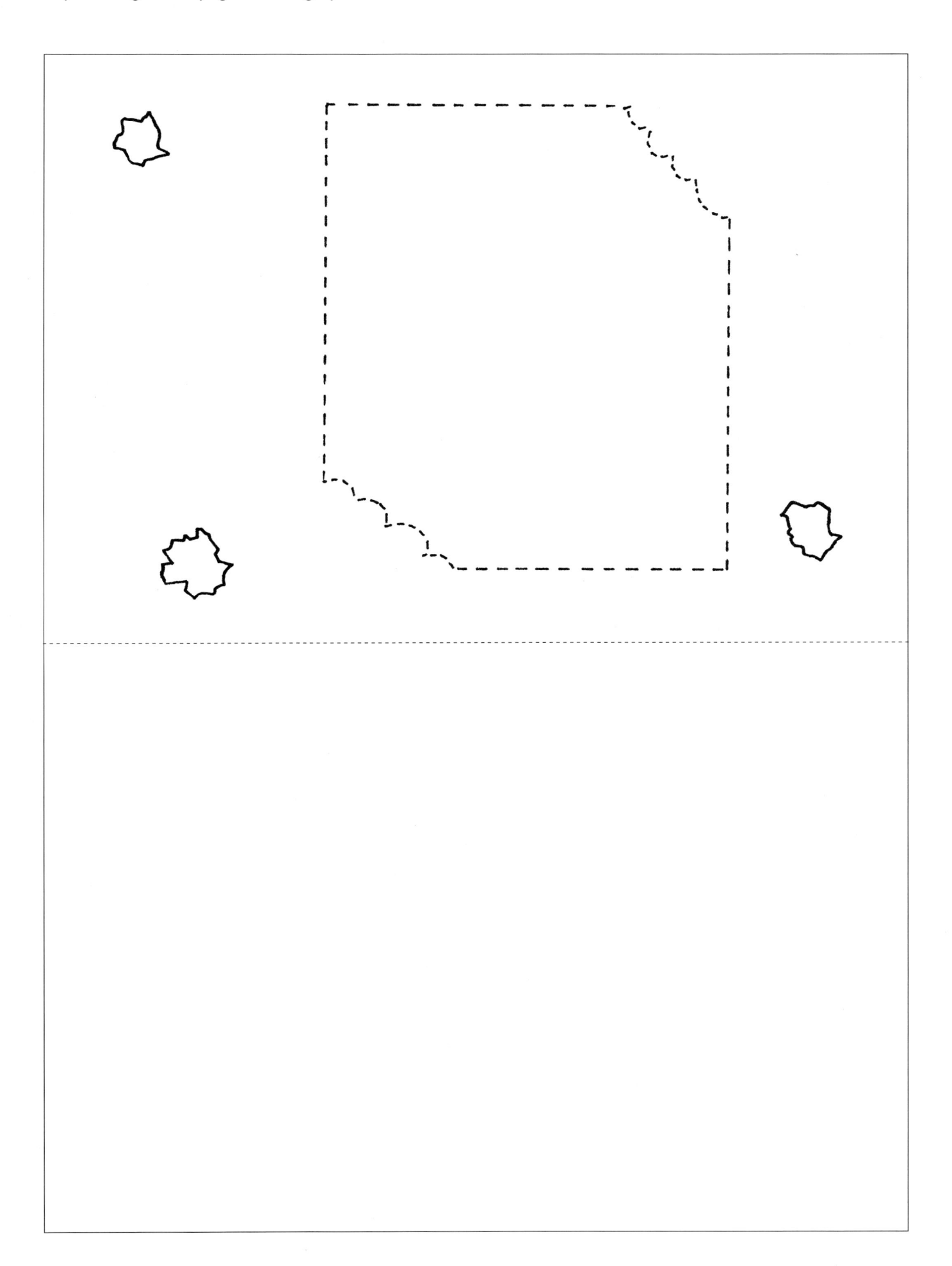

Fantasievolle Weitermalbilder

Die Weitermalbilder haben alle einen ähnlichen Bastelauftrag, daher kann die Bastelanleitung für alle fünf folgenden Weitermalbilder verwendet werden. Alternativ zur Ausgestaltung mit farbigen Buntstiften, können die Bilder auch als Aquarelle mit dem Farbkasten farbig gestaltet werden. Dann sollte allerdings etwas schwereres Papier verwendet werden (DIN A4, mindestens 120 g) und der Zeitfaktor von einer auf zwei Schulstunden ausgeweitet werden.

Im dichten Schneetreiben
Spannendes im Nikolaussack
Rund um den Weihnachtsbaum
Gemälde von Herrn Frost
Im Bau der Schneehasen
Weit draußen auf der Eisscholle

Du brauchst:

- 1 Blatt Papier (DIN A4)
- Bleistift
- Radiergummi
- farbige Buntstifte

Bastelanleitung:

- Übertrage die Kopiervorlage auf das Papier. (Alternativ kann der Lehrer eine Kopie für jedes Kind vorbereiten.)
- Sieh dir den Titel des Bildes an und stelle dir vor, was in dem Bild passieren könnte.
- Male zunächst mit Bleistift frei nach deiner Vorstellung, was passiert.
- Vielleicht passiert auf deinem Bild ja etwas ganz Überraschendes?
- Male deine Bleistiftzeichnung abschließend farbig an.

		Vorbereitung 10 Minuten	**Projekt** 1 Stunde

Lernziele: Grafisches Gestalten, Farbiges Gestalten, Kreatives Gestalten (Erprobung grafischer Mittel in der eigenen Bildgestaltung, Umsetzung von Fantastischem in Bildform, Darstellung von Abläufen, Beziehungen und Sachverhalten in grafisch räumlicher Form, Illustration eigener fantastischer Annahmen und Überlegungen, Einsetzen von Farben und Farbwirkung bei der Gestaltung von Bildern, im fortgeschrittenen Stadium auch zum Ausgestalten und Akzentuieren).

Hinweis: Es lohnt sich immer, einen Stoß dieser Weitermalbilder auf Vorrat bereitzuhalten. Egal ob für eine Vertretungsstunde oder als Material für Schüler, die einmal etwas schneller fertig sind – die Weitermalbilder sind immer willkommen!

Kopiervorlage: Im dichten Schneetreiben

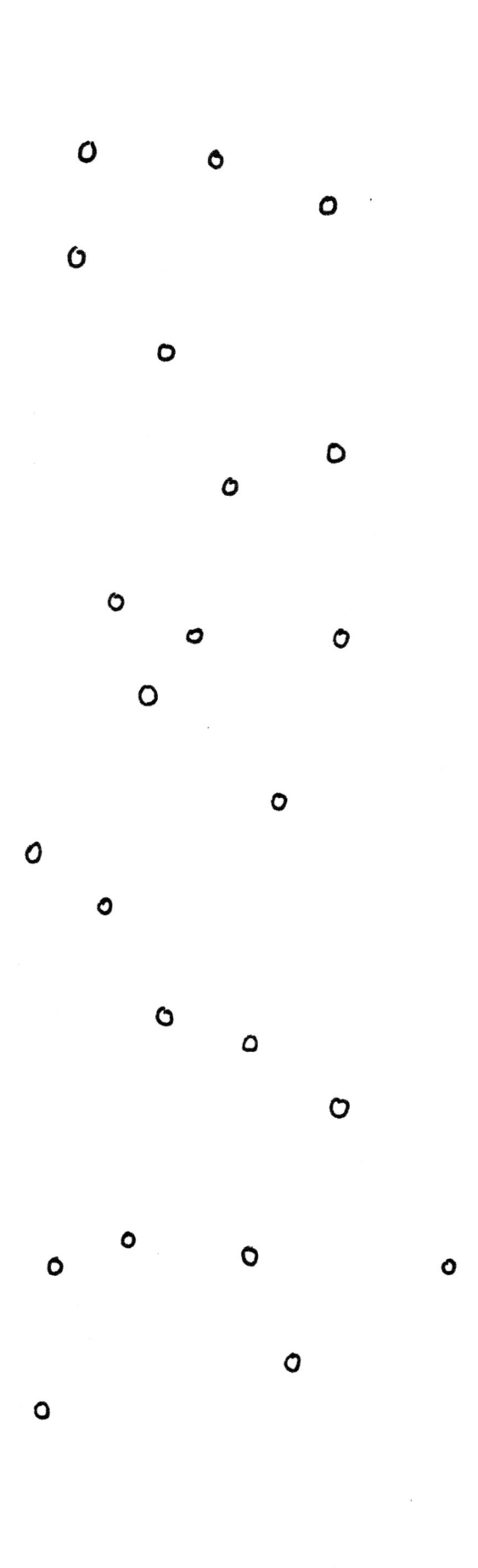

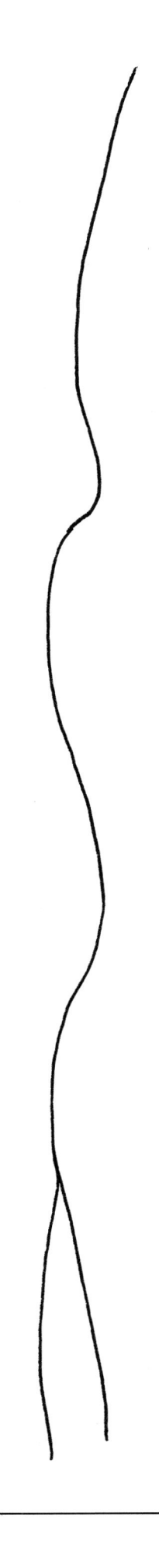

Kopiervorlage: Spannendes im Nikolaussack

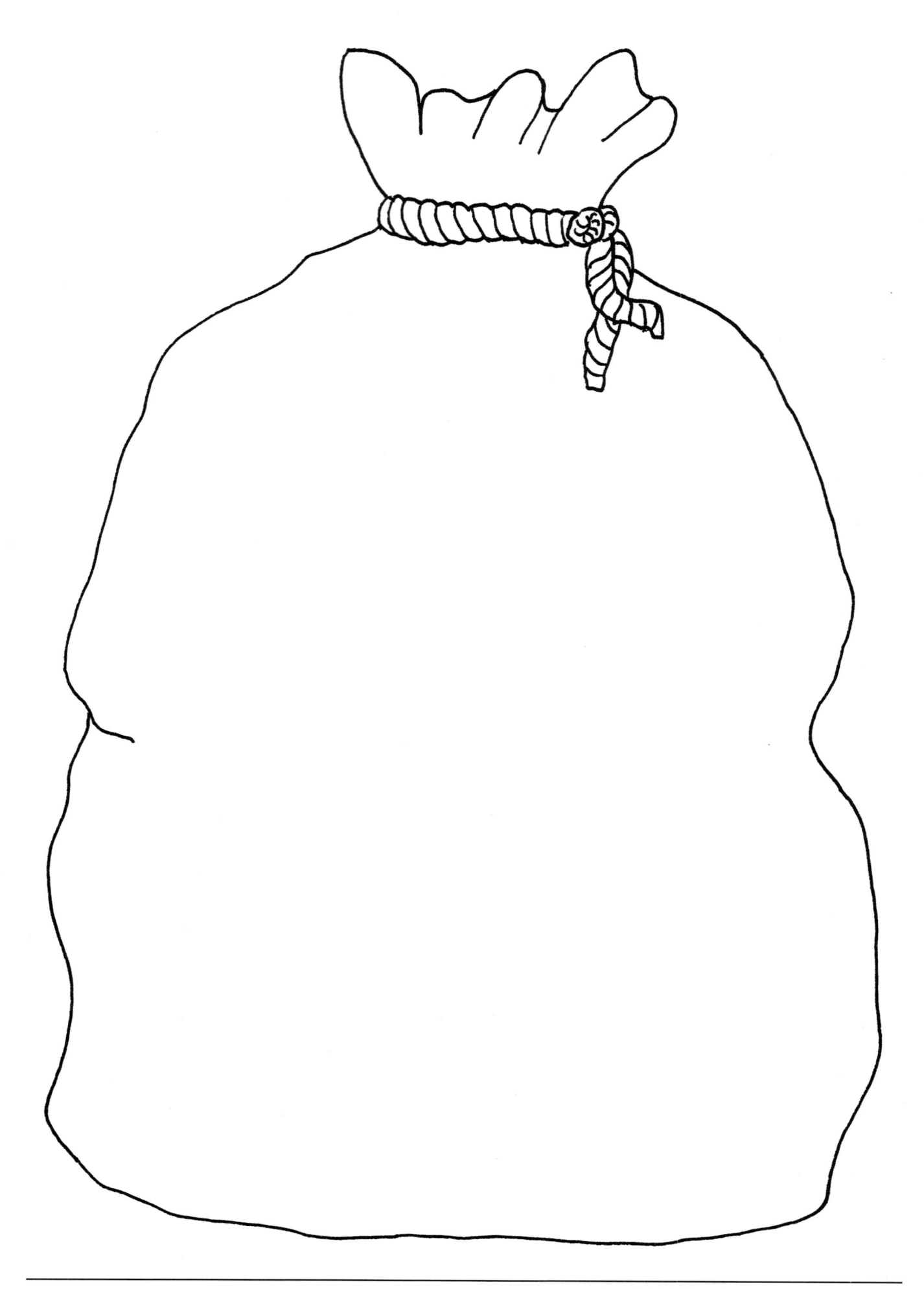

Kopiervorlage: Rund um den Weihnachtsbaum

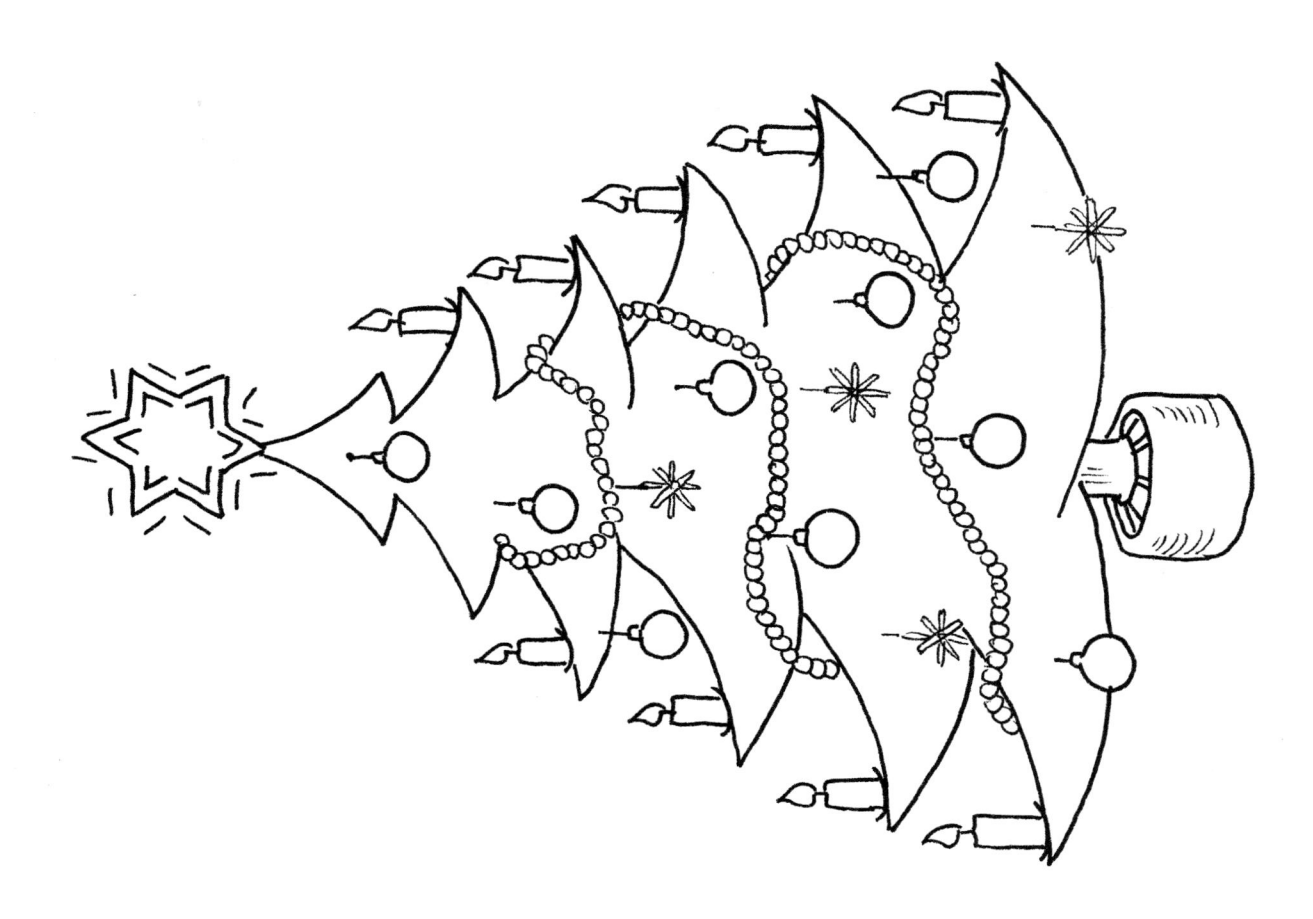

Kopiervorlage: Gemälde von Herrn Frost

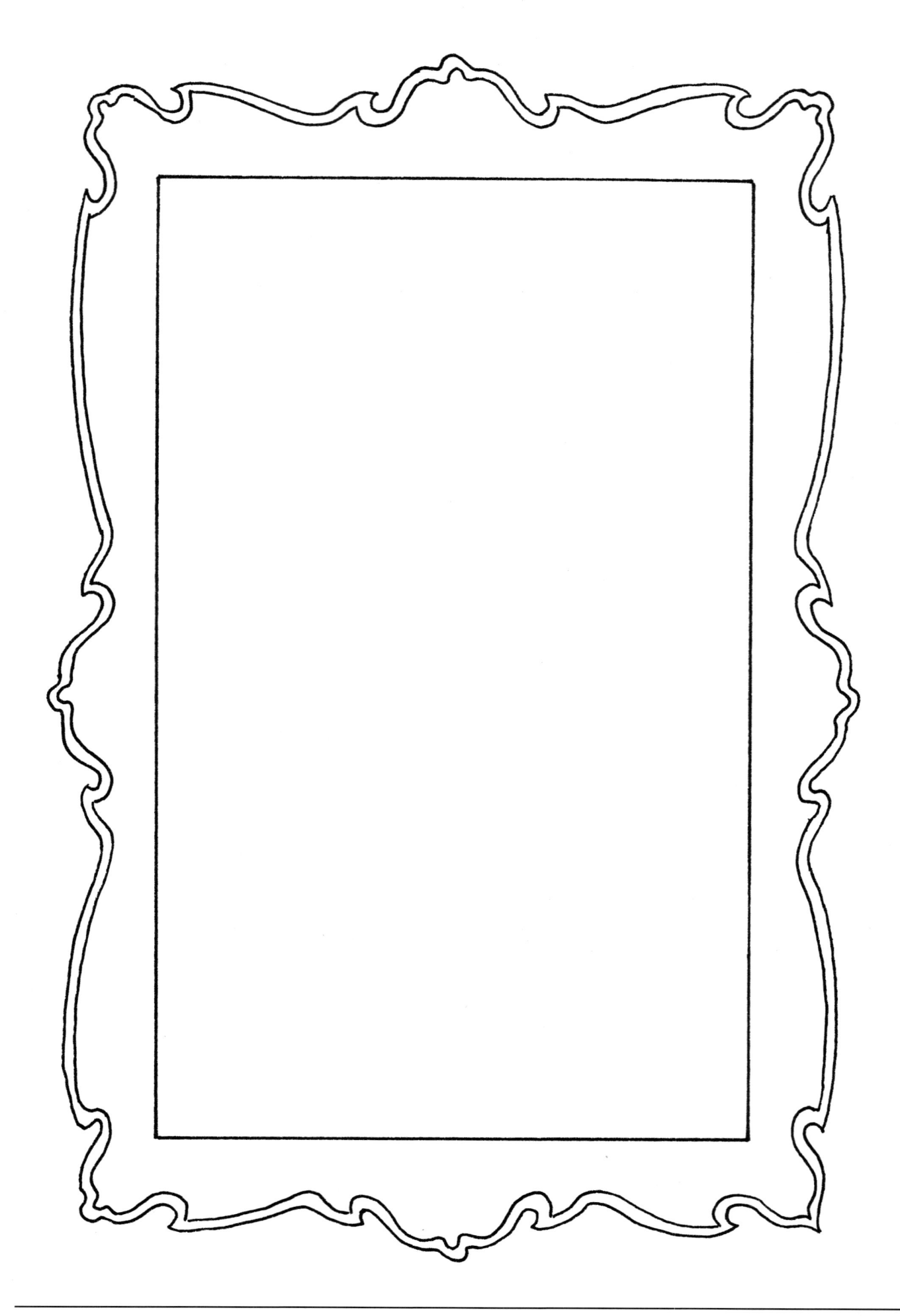

Kopiervorlage: Im Bau der Schneehasen

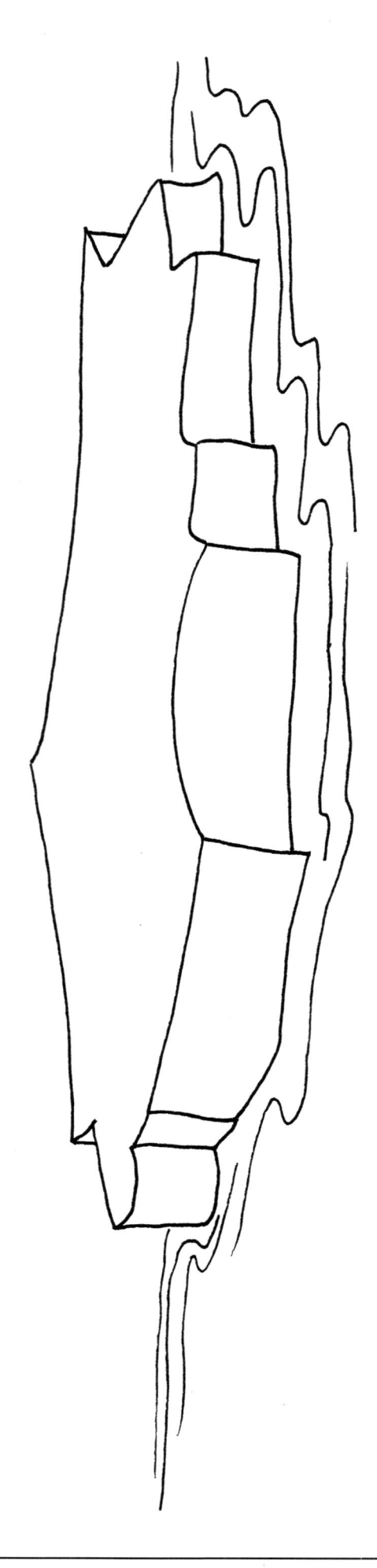

Kopiervorlage: Weit draußen auf der Eisscholle

Einfache Weihnachten

Mein eigener Stempel

Nikolausaquarell

Knusprige Adventsgrüße

Eingeschneit

Das Haus vom Nikolaus

Nikolausgruß

Eismalerei

Winterliches Namensschild

Wohlig warme Wollmützen

Rentiere

Fotos:

Seite 38:
Sommer-Landschaft © Wolfisch – Fotolia.com

Seite 89ff und Cover:
Projekt-Fotos © Jochen Schmidt, Persen Verlag

Innovative, fantasievolle Ideen für Ihren Kunstunterricht!

Birgit De Coster
Kinder entdecken Hundertwasser
Die kunterbunte Fundgrube für den Kunstunterricht

Ein Künstler, der mit fantasievollen Formen und am liebsten mit knalligen Farben spielt, spricht auch Kinder an. Die Schülerinnen und Schüler lernen neben der Person Friedensreich Hundertwasser auch Merkmale seines Kunststils kennen, um diese dann mithilfe eigener Einfälle in neue Werke umzusetzen. Auf vielfältige Weise können die Kinder dabei in Anlehnung an Hundertwasser kreativ werden, indem sie Bilder verfremden und z. B. Collagen, Papphäuser oder Kissenbezüge gestalten.
Motivierte Schüler? – Kein Kunststück!

Buch
68 Seiten, farbig, DIN A4
1. bis 4. Klasse
Best.-Nr. 3878

Foliensatz
10 Farbfolien, DIN A5
1. bis 4. Klasse
Best.-Nr. 3879

Kerstin Bommer/Angelika Hofmockel
Kinder entdecken die Künstlergruppe „Der Blaue Reiter"
Die kunterbunte Fundgrube für den Kunstunterricht

Die herausragende Künstlergruppe des deutschen Expressionismus – Der Blaue Reiter – spricht durch seine farbenfrohe Malerei und seine kühne Vereinfachung der Formen Kinder in besonderer Weise an. Sie lernen bedeutende Künstler der klassischen Moderne – wie Franz Marc, August Macke, Wassily Kandinsky, Paul Klee und Gabriele Münter – mit ihren Werken kennen. Auf vielfältige Weise können sie dabei kreativ werden. Viele tolle Unterrichtsvorschläge mit praktischen Tipps machen es auch fachfremd unterrichtenden Lehrer/-innen leicht, Kinder an der mutigen und schöpferischen Bewegung der Moderne teilhaben zu lassen.
So bringen Sie Ihren Schüler/-innen den deutschen Expressionismus nahe!

Buch
108 Seiten, farbig, DIN A4
1. bis 4. Klasse
Best.-Nr. 3529

Foliensatz
20 Farbfolien, DIN A5
1. bis 4. Klasse
Best.-Nr. 3531

Ursula Gareis
Kinder entdecken Otmar Alt
Die kunterbunte Fundgrube für den Kunstunterricht

Der deutsche Künstler Otmar Alt ist bekannt für seine unverwechselbare Bildsprache. Auf vielfältige Weise lassen sich die Kinder – frei nach Alt – zu eigenen Kunstwerken inspirieren: Sie gestalten Wesen zu seltsamen Namen, erstellen gemeinsam einen Fries mit Katzen, entwerfen fantasievolle Brillen für jede Gelegenheit, bauen leuchtende Laternen, entwickeln Bühnenbilder und Kostüme für ein Theater in der Schachtel, drucken Überraschungstiere u. v. m. Mit vielen tollen Unterrichtsvorschlägen und praktischen Tipps auch für fachfremd unterrichtende Lehrerinnen und Lehrer!
So entdecken Ihre Schüler/-innen die fantastische Welt des Otmar Alt!

Buch
96 Seiten, farbig, DIN A4
1. bis 4. Klasse
Best.-Nr. 3538

Foliensatz
22 Farbfolien, DIN A5
1. bis 4. Klasse
Best.-Nr. 3539

Ursula Gareis
Kinder entdecken Paul Klee
Die kunterbunte Fundgrube für den Kunstunterricht

Die Kinder lernen Paul Klee, einen der bedeutendsten Künstler der ersten Hälfte des 20. Jahrhunderts, umfassend kennen. Auf vielfältige Weise werden sie dabei kreativ: Sie kleben mit Wolle Linienbilder, beschreiben ein Kunstwerk mit Tönen und Geräuschen, binden Figuren in eigene Werke ein, drucken Tierbilder mit dem Schnurdruck, gestalten Winterlandschaften, erfinden fantastische Bildtitel, ordnen Kunstwerke neu an u. v. m. Mit vielen tollen Unterrichtsvorschlägen und praktischen Tipps auch für fachfremd unterrichtende Lehrerinnen und Lehrer!
Paul Klees spannende und aufregende Welt der Zeichen und Symbole entdecken!

Buch
72 Seiten, farbig, DIN A4
1. bis 4. Klasse
Best.-Nr. 3739

Foliensatz
15 Farbfolien, DIN A5
1. bis 4. Klasse
Best.-Nr. 3740

Unser Bestellservice:

Das komplette Verlagsprogramm finden Sie in unserem Online-Shop unter

www.persen.de

Bei Fragen hilft Ihnen unser Kundenservice gerne weiter.

Deutschland: ☏ 040/32 50 83-040 · Schweiz: ☏ 052/366 53 54 · Österreich: ☏ 0 72 30/2 00 11

Kreativ werden: An die Pinsel, fertig, los!

Melanie Scheidweiler
Kinder entdecken Kandinsky
Die kunterbunte Fundgrube für den Kunstunterricht

Kandinsky gilt als Wegbereiter der abstrakten Malerei. Anhand seiner Werke können die Schüler gut den Schritt vom Gegenständlichen zum Abstrakten nachvollziehen. Zugleich ermöglicht Kandinskys Umgang mit Farben und Formen faszinierende und kreative Beschäftigungsmöglichkeiten. Dieser Band liefert Ihnen zahlreiche Gestaltungsideen zu verschiedenen künstlerischen Schwerpunkten. So werden Ihre Schüler zur vielfältigen intensiven Auseinandersetzung mit ästhetischen Prozessen angeregt. Die Unterrichtsbausteine können einzeln oder als komplettes Projekt eingesetzt werden. Ausführliche Hinweise zu Material, Zeitaufwand, Vorbereitung, Zielen und zur Vorgehensweise erleichtern Ihnen die Unterrichtsplanung und sorgen für einen reibungslosen Ablauf.
Mit Kandinsky in die Welt der Farben und Formen eintauchen!

Buch
ca. 80 Seiten, farbig, DIN A4
1. bis 4. Klasse
Best.-Nr. 23118

Foliensatz
14 Folien,
1. bis 4. Klasse
Best.-Nr. 23119

Rosalia Abbenhaus
Kinder entdecken Miró
Die kunterbunte Fundgrube für den Kunstunterricht

Tauchen Sie mit Ihrer Klasse ein in die fantastische Welt des Joan Miró, eines Künstlers, der durch seine Farbenfreude, seine einfachen Formen sowie durch die Vielfalt seines Gesamtwerkes besonders Kinder anspricht! Die Schüler/-innen lernen den Künstler selbst sowie auch typische Merkmale seines Kunststils kennen. Sie erstellen gemeinsam ein Wandbild mit Pizzakartons, bauen aus Fundstücken Skulpturen, formen fantasievolle Drahtwesen, montieren aus farbigen Holzelementen Außerirdische, entwickeln eine fantastische Spiellandschaft, drucken Überraschungstiere u. v. m. Unterrichtsvorschläge mit vielen praktischen Tipps helfen auch fachfremd unterrichtenden Lehrerinnen und Lehrern.
Entführen Sie Ihre Schüler/-innen in die Formenwelt Mirós!

Buch
80 Seiten, farbig, DIN A4
1. bis 4. Schuljahr
Best.-Nr. 3693

Foliensatz
25 Farbfolien, DIN A5
1. bis 4. Schuljahr
Best.-Nr. 3694

Julia Feldgen, Bärbel Klein
Kinder entdecken Kunstwerke
Tiere

Ausdrucksstarke Tiermotive sind wie gemacht, um sich in der Grundschule auf vielfältige Weise mit den Werken bekannter und weniger bekannter Künstler auseinanderzusetzen. Dürers Rindermaul, der berühmte Elefant von Ernst oder Eschers Vögel bieten viele Einstiegsmöglichkeiten in einen facettenreichen Kunstunterricht. Der Band liefert zusätzlich detaillierte Unterrichtseinheiten sowie Differenzierungsangebote und stellt Verbindungen zu anderen Fächern her – alles unterrichtspraktisch und originell aufbereitet. Kriterien zur Leistungsbeurteilung und Schülerbeispiele erleichtern Ihnen die Bewertung der Schülerarbeiten zum Thema „Tiere". Das Material ist auch für den jahrgangsübergreifenden Unterricht geeignet.
Ein Thema, mehrere Künstler, ganz viele kreative Ideen zum Gestalten!

Buch, 82 Seiten, DIN A4
1. bis 4. Klasse
Best.-Nr. 3279

Barbara Jaglarz, Georg Bemmerlein
Immerwährender Kalender zum Selbstgestalten

Kreative Ideen als Kopiervorlagen für Grundschule und Sekundarstufe I

Dieses Buch bietet Ihnen vielfältige Ideen zur Gestaltung eines attraktiven Kalenders. Für jeden Monat des Jahres gibt es dazu vier unterschiedliche Gestaltungsvorschläge, die sich in Schwierigkeitsgrad, Zeitaufwand und Technik unterscheiden. Diese kreativen Vorschläge sind als Kopiervorlagen für die Schülerhand konzipiert. Sie enthalten neben einem Bildbeispiel eine genaue Materialliste und detaillierte Anweisungen zum selbstständigen Arbeiten.
Ein selbst gebastelter Kalender – einfach und schnell herzustellen!

Buch, 85 Seiten, farbig, DIN A4
3. bis 6. Klasse
Best.-Nr. 3660

Unser Bestellservice:

Das komplette Verlagsprogramm finden Sie in unserem Online-Shop unter

www.persen.de

Bei Fragen hilft Ihnen unser Kundenservice gerne weiter.

Deutschland: 040/32 50 83-040 · Schweiz: 052/366 53 54 · Österreich: 0 72 30/2 00 11